Bombas de Grasa

¡60 deliciosas recetas de bombas de grasa que en definitiva tendrás que probar!

Bombas de Grasa

Copyright 2020 by Mark Evans - Todos los derechos reservados.

El siguiente libro se reproduce con el objetivo de proporcionar información lo más precisa y fiable posible. Independientemente de ello, la compra de este libro puede considerarse como un consentimiento al hecho de que tanto el editor como el autor de este libro no son de ninguna manera expertos en los temas que se discuten en él, y que cualquier recomendación o sugerencia que se haga en el presente documento es sólo para fines de entretenimiento. Se debe consultar a los profesionales según sea necesario antes de emprender cualquiera de las acciones aquí aprobadas.

Esta declaración es considerada justa y válida tanto por la Asociación Americana de Abogados como por el Comité de la Asociación de Editores y es legalmente vinculante en todos los Estados Unidos.

Además, la transmisión, duplicación o reproducción de cualquiera de los siguientes trabajos, incluida la información precisa, se considerará un acto ilegal, independientemente de que se realice por vía electrónica o impresa. La legalidad se extiende a la creación de una copia secundaria o terciaria de la obra o de una copia grabada y sólo se permite con el consentimiento expreso por escrito del Editor. Todos los derechos adicionales están reservados.

La información de las siguientes páginas se considera en general como un relato veraz y preciso de los hechos, y como tal, cualquier falta

Bombas de Grasa

de atención, uso o uso indebido de la información en cuestión por parte del lector hará que las acciones resultantes queden exclusivamente bajo su responsabilidad. No hay escenarios en los que el editor o el autor original de este trabajo pueda ser considerado de alguna manera responsable por cualquier dificultad o daño que les pueda ocurrir después de haber tomado la información aquí descrita.

Además, la información que se encuentra en las siguientes páginas está destinada únicamente a fines informativos y, por lo tanto, debe considerarse universal. Como corresponde a su naturaleza, la información presentada no garantiza su validez ni su calidad provisional. Las marcas registradas que se mencionan se hacen sin consentimiento por escrito y de ninguna manera pueden ser consideradas como un endoso del titular de la marca registrada.

Tabla de Contenidos

Introducción 1

Capítulo 1 - La esencia de una dieta baja en carbohidratos y las bombas de grasa 4

    Aceite de Coco 7

    Edulcorantes 10

    Los Beneficios... 12

Capítulo 2 - Recetas de las bombas de grasa saludables y fáciles de preparar 17

    Bombas de grasa de cacao y almendras............ 19

    Bombas de grasa de caramelo y mantequilla de maní 20

    Bombas de grasa cremosas de almendra.......... 21

    Bombas de grasa de coco con chocolate 22

    Bombas de grasa de Mocha 24

    Bombas blancas cremosas 25

    Trufas de Chocolate Negro 26

    Bombas de grasa de limón al estilo keto 28

Bombas de Grasa

Dulces de vainilla y nuez moscada al estilo keto 29

Bombas de grasa de calabaza con especias 30

Bombas de grasa de chocolate y copos de coco 32

Bombas de mantequilla de maní al estilo keto 33

Dulces de queso con especias al estilo keto 35

Bombas de grasa de coco y vainilla 36

Galletas de gelatina con queso horneado 37

Bombas de grasa con capas de menta 38

Bombas de tocino con queso 40

Bombas para pasteles de queso rojos sin hornear 41

Bombas de grasa inspiradas en el Mediterráneo 42

Bombas de limón al estilo keto 44

Bombas de doble chocolate al estilo keto 45

Guacamole saludable 47

Pecan and Bacon Keto Treats 49

Tazas de caramelo de coco y chocolate 49

Mini tartas de limón sin huevo 51

Dulces de chocolate con coco 54

Barras de chocolate al estilo keto 56

Bombas de Cacao Congelado 58

Bombas fudgy de coco blanco 59

Caramelos al estilo keto con especias 61

Barras de chocolate bajas en carbohidratos 62

Trufas dobles de chocolate 64

Bombas de almendra con queso al estilo keto .. 66

Capítulo 3 - Recetas de la bomba de grasa baja en carbohidratos con bayas 68

Bombas de grasa de coco y bayas 74

Bombas de remolino de chocolate y fresa 75

Bombas de grasa de zarzamoras y queso 77

Bombas de grasa de arándano y queso 78

Delicias de frambuesa y chocolate 80

Delicias de tarta de queso con fresas de bajo contenido en carbohidratos 83

Capítulo 4 - Recetas con nueces para bombas de grasa de bajo contenido en carbohidratos 85

Bombas masticables con macadamia............... 89

Delicias de nogal al estilo keto 90

Delicias de naranja y nueces bajas en carbono 92

Golosinas de chocolate y-macadamia 93

Golosinas de calabaza con nueces.................... 94

Chocolate con nueces 95

Bombas de grasa de coco y macadamia 97

Pecan Trata con Relleno................................... 98

Bombas de delicias de nogal y chocolate 99

Bombas rápidas de pistacho con especias 100

Capítulo 5 - Recetas de bomba de grasa especificas de la dieta cetogénica 103

Receta Básica de la Bomba de Grasa.............. 109

Golosinas de nogal al estilo keto 111

Bombas para pasteles de queso con sabor a limón 112

Trufas de desayuno 113

Bombas a "prueba de balas" para aumentar la energía... 115

Bombas de manteca de coco con nuez moscada 117

Trufas de vainilla con nueces 118

Bombas picantes al estilo keto 120

Bombas saludables de vainilla y macadamia .. 121

Bombas de frambuesa con queso al estilo keto 122

Bombas de macha saludables 124

Golosinas Chewy Keto 125

Conclusión 128
Gracias! 129

Bombas de Grasa

Introducción

Quiero agradecerle y felicitarlo por comprar el libro, " Bombas de Grasa: ¡60 deliciosas recetas de bombas de grasa que en definitiva tendrás que probar!"

Este no es un libro de recetas ordinario. Aparte de las 60 recetas saludables y deliciosas de las bomba de grasa, explica los fundamentos de la dieta baja en carbohidratos. Su objetivo es educarlo sobre lo que necesita saber sobre la dieta mientras aprende a preparar una variedad de recetas de bombas de grasa. Estas bombas de grasa son una parte esencial de cualquier dieta baja en carbohidratos. Le ayudan a alcanzar las macros que necesita a diario sin pasarse de la raya.

Este libro explica los siguientes aspectos de una dieta baja en carbohidratos:

- La importancia de las bombas de grasa en la dieta. Explica los ingredientes más comunes utilizados en la fabricación de

bombas de grasa y sus beneficios para la salud.
- Los alimentos adecuados para comer cuando se sigue este tipo de dieta. Cada capítulo le da una idea de los ingredientes que debe usar para preparar sus comidas, incluyendo las bombas de grasa.
- ¿Cuál es el estado de la cetosis y qué se puede hacer para mantenerla durante más tiempo? También tiene un capítulo dedicado de recetas de bombas de grasa que puede comer para mantener este estado (cetosis).
- Los beneficios para la salud y los efectos secundarios comunes de una dieta baja en carbohidratos.

Las recetas de las bombas de grasa contienen información nutricional que puede utilizar como guía. También ofrece los siguientes detalles:

- La idea detrás de estas golosinas.
- Los ingredientes básicos necesarios para su elaboración.
- Las grasas y edulcorantes que se pueden usar para hacer bombas de grasa.

Mark Evans

Gracias de nuevo por comprar este libro, espero que lo disfrute!

Capítulo 1 - La esencia de una dieta baja en carbohidratos y las bombas de grasa

Es fácil preparar bombas de grasa. Después de haber probado ciertas recetas, usted puede hacer sus propias combinaciones y llegar a una variedad aún mayor de estas golosinas saludables.

¿Qué es una bomba de grasa? Es una delicia pequeña, generalmente del tamaño de una bola pequeña, pero también se puede servir en cuadrados o en otras formas, dependiendo de los moldes que se usen. El tratamiento es bajo en carbohidratos y alto en grasa concentrada y saludable. Las recetas típicamente contienen más del 85 por ciento de grasa. En el proceso se utilizan aromas y grasas específicas, como la mantequilla, el queso mascarpone, el queso neufchatel, el queso crema, el aceite de coco y la mantequilla de coco.

Usted puede comer esto cuando su cuerpo necesita recargarse, como un bocadillo, desayuno o después de hacer una actividad tediosa. Las bombas de grasa son adecuadas para cualquier dieta baja en carbohidratos, como la cetogénica y la paleo. Tienen la grasa saludable que su cuerpo necesita para permanecer en la cetosis. Lo mejor de estas golosinas es que saben bien y no le harán sentir que te están privando.

Aquí están algunas de las cosas importantes que usted necesita recordar acerca de las bombas de grasa:

1. Contienen un gran porcentaje de grasas saludables, la mayoría de las cuales se solidifican rápidamente cuando se refrigeran. Esta es la razón por la que las golosinas no son dificiles de preparar y consumir a pesar de las grasas que contienen.

2. Se sirven en tamaños pequeños. Esto hace que sea más fácil metérselas en la boca siempre que necesite una dosis saludable. Esto también le permite controlar los nutrientes, específicamente el contenido de carbohidratos de cada pieza.

3. Debido al contenido de grasa, estas bombas de grasa se derretirán cuando se mantienen a temperatura ambiente durante mucho tiempo. Para conservarlos hasta por 2 semanas, guarde

las sobras en un recipiente hermético y guárdelas en el refrigerador o congelador. Si están frías, descongélelas primero a temperatura ambiente durante varios minutos antes de servirlas.

4. Usted puede ajustar el sabor de las bombas de grasa dependiendo de su preferencia y la disponibilidad de ingredientes. Puede utilizar edulcorantes sin carbohidratos y bajos en calorías para hacer golosinas. Puede añadir especias y hierbas. También puede hacer sabrosas bombas incorporando ingredientes, como aguacate y tocino, en las recetas.

5. Si está usando nueces, asegúrese de elegir los tipos que no contengan demasiados carbohidratos. Si usted está realizando una dieta cetogénica, tenga en cuenta que no puede usar mantequilla de maní. Puede reemplazarlo con mantequilla de nueces, como la mantequilla de almendras.

Las bombas de grasa básica contienen estos tres ingredientes:

- Base grasa. Estas son las grasas saludables que se utilizan como ingredientes. Estos incluyen aceite de coco, mantequilla de coco, mantequilla de cacao, leche de coco y mantequilla de almendra. También puede usar crema de coco, que es la parte sólida de una lata de leche de coco cuando se refrigera. Es seguro usar mantequilla si usted puede tolerar los productos lácteos. Las otras grasas utilizadas son el aceite de aguacate, la grasa de tocino y el ghee. Para este último, lo mejor es elegir ghee cultivado que esté libre de cafeína y lactosa.

- Edulcorante o saborizante. Puede usar varios jarabes con sabores, cacao en polvo, especias, extracto de menta, extracto de vainilla sin azúcar, sal y chocolate negro.
- Mezcle los ingredientes. Le dan textura a las bombas de grasa. Algunas muestras incluyen coco rallado, cacao, nueces, frutas bajas en carbohidratos, semillas y tocino desmenuzado sin azúcar.

Aceite de Coco

Entre las grasas que se usan para hacer estas golosinas, la opción más saludable es el aceite de coco. Este es el ingrediente más saludable utilizado en la fabricación de las bombas de grasa. Hace que el proceso de quema de grasa sea más rápido. Que las grasas que contiene este aceite no se almacenan en su sistema y por el contrario, su cuerpo utilice inmediatamente las grasas como energía. Además de ser saludable, también le da un sabor mantecoso y rico a su comida.

Esto puede ser usado en muchas recetas de hornear y cocinar. La vida útil es de hasta 2 años. Para una opción más saludable, usted puede buscar el tipo orgánico que no es OGM y que no contiene gluten.

El aceite de coco es una parte esencial de cualquier dieta baja en carbohidratos. Le ayuda a perder peso al aumentar su gasto de energía y reducir sus antojos de hambre. También es eficaz para reducir la grasa en el área abdominal o la grasa visceral que se conoce como grasa peligrosa (no saludable).

Este ingrediente solo tiene los siguientes efectos en su sistema:

- Reduce el riesgo de una enfermedad cardíaca al mejorar sus niveles de colesterol.
- Reduce la inflamación y mejora la salud de la tiroides.
- También tiene efectos positivos en el cabello y la piel.
- El aceite de coco le ayuda a entrar en el estado de cetosis.

¿Cómo ayuda el aceite de coco a la cetosis? Tiene MCTs o triglicéridos de cadena media que funcionan estimulando las cetonas. El aceite de coco puede suministrar a su cuerpo una forma inmediata de energía cuando se toma por vía oral. Esto es algo que generalmente hacen los keto-dietistas que eliminan todas las formas de carbohidratos de su dieta.

Su cuerpo convierte los MCT en el hígado en cetonas. Reemplazan al glucógeno como la fuente de combustible de su cuerpo. El aceite de MCT también se utiliza como un suplemento que ayuda en la cetosis.

Edulcorantes

No todos los edulcorantes son iguales, especialmente cuando usted está en una dieta baja en carbohidratos y tiene la intención de perder peso. Usted debe enseñarse a sí mismo cómo disminuir sus antojos de dulces. Use alternativas de azúcar ocasionalmente. Usted puede saltarse el agregarlos a sus comidas regulares y usarlos solamente para dulces, tales como sus recetas saludables de bombas de grasa.

Si usted está en una dieta muy baja en carbohidratos, use los edulcorantes con un contenido cero de carbohidratos. En cuanto al resto, asegúrese de que los edulcorantes sean saludables y calificquen para su límite neto de carbohidratos.

1. Stevia. El extracto de esta hierba se utiliza como sustituto del azúcar o edulcorante. Se agrupa en los edulcorantes no nutritivos en la base de datos del USDA. Está desprovisto de nutrientes, vitaminas y no tiene calorías. La mayoría de los productos de stevia son tres veces más dulces que el azúcar cuando se usan con moderación. Estos productos varían en sabor. Hay algunos que dicen

que dejan un sabor amargo. Usted debe probar diferentes productos de stevia para usar el que se adapte a su gusto.

2. Edulcorantes a base de inulina. El más popular entre este tipo es la inulina de raíz de achicoria, que se vende comercialmente como Just Like Sugar que contiene cáscara de naranja, calcio y vitamina C. Las otras fuentes naturales de inulina incluyen el yacón, la jícama, la cebolla, el plátano y la alcachofa de Jerusalén.

Si usted está usando alguno de estos ingredientes, asegúrese de evitar agregar otros edulcorantes. La inulina es beneficiosa no sólo para las personas con una dieta baja en carbohidratos, sino también para los diabéticos debido a su efecto beneficioso sobre el azúcar en la sangre. A diferencia de la stevia, la inulina tiene ciertos efectos secundarios porque alimenta tanto a las bacterias buenas como a las malas. Esto puede causar problemas digestivos cuando usted consume más de la dosis diaria de 20 gramos.

3. Eritritol. Este es un alcohol de azúcar que se encuentra naturalmente en los alimentos fermentados, verduras y frutas. No tiene calorías

y no tiene ningún efecto sobre su nivel de glucosa en sangre. Tome una dosis diaria de 1 gramo de eritritol por kilogramo de su peso para evitar efectos secundarios, como dolor de estómago.

4. Xilitol. Este alcohol de azúcar tiene un sabor similar al del azúcar pero contiene un menor número de calorías. Se encuentra naturalmente en las fibras de algunas verduras y frutas. Contiene pocos nutrientes y debe ser utilizado como edulcorante con moderación. Mantenga esto fuera del alcance de los perros porque puede ser tóxico para sus mascotas.

5. Chocolate negro. Para sus bombas de grasa, use el tipo que está hecho con el 75 por ciento de cacao o más sin aditivos innecesarios. Este es un ingrediente versátil. Usted puede agregar esto en su yogur, dulces horneados, cereales, y más.

Los Beneficios

Las bombas de grasa le dan un impulso de energía instantáneo y le ayudan a alcanzar sus necesidades nutricionales diarias sin exagerar. Son fáciles de hacer. Puede llevarlas a cualquier lugar y saborear un pedazo cuando se encuentre en "huelga de hambre".

Son una parte esencial de cualquier dieta baja en carbohidratos, que requiere que usted coma alimentos reales y ofrece los siguientes beneficios:

1. Pérdida de peso

La dieta causa una disminución en sus niveles de insulina. Como resultado, sus riñones trabajarán para deshacerse del exceso de sodio en su sistema, lo que llevará a una rápida pérdida de peso durante las primeras dos semanas de la dieta. Si lo hace bien, continuará perdiendo peso durante los próximos 6 meses. Después de este período, usted necesitará enfocar su atención en mantener el peso que ya ha perdido. Usted puede darse el lujo de comer los alimentos que se le han pasado por alto con más frecuencia, pero siempre mantenga su ingesta de carbohidratos con moderación.

2. Aumenta sus niveles de colesterol bueno

Aumenta los niveles de HDL o colesterol bueno y disminuye los niveles de LDL o colesterol malo. Esto se debe a la cantidad limitada de azúcar y a la alta cantidad de grasa saturada que su sistema está recibiendo. Para asegurar la salud de su corazón, usted necesita mantener por encima de 39 mg HDL sobre su LDL. Esto evitará la obstrucción arterial y reducirá el riesgo de inflamación.

3. Falta de apetito

Los cuerpos cetónicos y su ingesta de grasa lo harán sentir lleno la mayor parte del tiempo. Le quitarán la comida de la mente. Una dieta baja en carbohidratos reduce eficazmente sus antojos de comida. Es importante que coma aunque no tenga hambre. Su cuerpo necesita trabajar en algo para recuperar suficiente energía. Usted todavía necesita comer para satisfacer sus macros diarias requeridas.

4. Reducir la presión arterial

Esto es efectivo para mantener su presión arterial a un ritmo normal, pero una dieta baja en carbohidratos no es recomendable para aquellos que ya están tomando medicamentos para esta condición. Hable primero con su médico si desea continuar con la dieta. Las personas que están tomando medicamentos para la presión arterial alta a menudo experimentan mareos como un efecto secundario de la dieta.

5. Aumento de energía instantáneo

La dieta mejora sus patrones de sueño, lo que le hará sentirse con energía al comienzo del día. En los momentos en que se siente agotado, simplemente necesita comer un pedazo o dos de las bombas de grasa y al instante tendrá un impulso de energía. La dieta también puede ayudar a mejorar la fatiga crónica. Prohíbe comer granos y alimentos a base de granos, que resultan en el alivio del dolor y la rigidez de las articulaciones y los músculos.

6. Mente más clara

Los primeros días de la dieta son los más difíciles. Su cuerpo todavía se está acostumbrando al esquema de las cosas - cómo come y qué come. Después de que se haya acostumbrado, su cuerpo se adaptará perfectamente. Esto resultará en una mejor manera de pensar.

7. Otros beneficios para la salud

Se dice que la dieta mejora la salud intestinal y la digestión. También previene las crisis epilépticas. Mejora la salud de su cerebro y le da un mejor estado de ánimo la mayor parte del tiempo. Existen ciertos estudios que han demostrado que una dieta baja en carbohidratos puede ayudar a mejorar los casos relacionados con el cerebro, como la ELA, el Alzheimer y el Parkinson.

Capítulo 2 - Recetas de las bombas de grasa saludables y fáciles de preparar

Las bombas de grasa son fáciles de preparar siempre y cuando usted tenga los ingredientes completos y esté equipado con las herramientas adecuadas. Algunas recetas requieren el uso de un procesador de alimentos o una licuadora. Una batidora de mano eléctrica también es muy útil. La mayoría de las bombas de grasa son refrigeradas o congeladas, y sólo hay unas pocas que necesitan ser horneadas.

Usted puede optar por usar sus manos para formar la masa en pequeñas bolas. También puede usar bandejas para hornear o bandejas forradas con cera o papel de pergamino, o ligeramente engrasadas, como moldes. Después de que la bomba de grasa se haya endurecido, puede cortarlos en cuadrados o en trozos rectangulares. También puede conseguir moldes creativos y usarlos para caramelos o magdalenas. También puede convertir sus bombas de grasa en pops de pastel colocándolos en palos y sumergiéndolos en chocolate negro derretido antes de añadir textura y decoración.

Las bombas de grasa se fabrican normalmente siguiendo estos tres pasos:

1. Ponga todos los ingredientes en un tazón, una licuadora o un procesador de alimentos. Procese hasta que haya alcanzado la consistencia requerida. Si está usando grasa sólida, derrítala a fuego lento o en el microondas por unos segundos.

2. Transfiera la mezcla a moldes o póngalos en cualquier recipiente y cúbralos con plástico antes de congelar o refrigerar la mezcla durante varias horas o toda la noche.

3. Corte las bombas de grasa o use sus manos para darles forma de bolas pequeñas.

Ahora ponga en práctica lo que ha aprendido. Comience con las siguientes recetas fáciles de preparar que usted puede merendar a cualquier hora del día.

Bombas de grasa de cacao y almendras

Porciones: 24 piezas

Datos nutricionales por pieza: Calorías 145 kcal, Grasas 14.7 g, Proteínas 1.53 g, Neto de carbohidratos 1.1 g

Ingredientes:

- 3 cucharadas de cacao
- 9 1/2 cucharadas de mantequilla de almendras
- 3/8 cucharadita (60 gotas) de stevia líquida
- 3/4 taza de aceite de coco derretido
- 9 cucharadas de mantequilla salada derretida

Instrucciones:

1. Mezclar todos los ingredientes en un bol hasta que se mezclen.

2. Prepare moldes de mini magdalenas ligeramente engrasados con 24 orificios. Vierta 2

cucharadas de la mezcla en cada agujero. Congele durante media hora o hasta que esté listo.

3. Saque con cuidado las bombas de grasa de los moldes y transfiéralas a un recipiente hermético. Servir inmediatamente. Ponga las sobras en el refrigerador.

Bombas de grasa de caramelo y mantequilla de maní

Porciones: 24 piezas

Datos nutricionales por pieza: Contenido energético 142 kcal, Grasas 15 g, Proteínas 2 g, Neto de carbohidratos 0,9 g

Ingredientes:

- 4 onzas de queso crema
- 1 taza de aceite de coco
- 3/4 cucharada de manteca de cacao
- 2 cucharadas de mantequilla
- 3 cucharadas de sirope de caramelo sin azúcar

- 1/2 taza de mantequilla de maní natural

Instrucciones:

1. Poner todos los ingredientes en una sartén a fuego medio-bajo. Revuelva hasta que se derrita y mezcle.

2. Transfiera la mezcla a moldes engrasados como si fuera un molde para magdalenas. Congele durante 30 minutos. Sirva.

3. Ponga las sobras en un recipiente hermético y refrigere hasta que estén listas para servir.

Bombas de grasa cremosas de almendra

Porciones: 8 piezas

Datos nutricionales por pieza: Calorías 214 kcal, Grasas 22 g, Proteínas 5 g, Neto carb 2 g

Ingredientes:

- 2 cucharaditas de cacao en polvo
- 4 cucharadas de aceite de coco
- 10 cucharadas de mantequilla de almendra

Bombas de Grasa

- 1/4 cucharadita de pimienta inglesa
- 6 gotas de stevia líquida (según el gusto)
- 5 cucharadas de crema espesa

Instrucciones:

1. Ponga la mantequilla de almendras en el molde que está usando. Añadir el resto de los ingredientes. Mezcle bien hasta que se mezclen. Congele por un par de horas.

2. Retire del molde. Cortar y servir. Puede espolvorear almendras picadas por encima si lo prefiere.

Bombas de grasa de coco con chocolate

Porciones: 12 piezas

Datos nutricionales por pieza: Calorías 237 kcal, Grasas 31 g, Proteínas 4 g, Neto carb 1.3 g

Ingredientes:

- 2 cucharadas de cacao en polvo
- 2 cucharadas de miel

- Una pizca de sal marina
- 2 tazas de coco rallado sin azúcar
- 4 onzas de queso crema
- 1 taza de aceite de coco
- 1/4 cucharadita de canela
- Sustituto del azúcar al gusto

Instrucciones:

1. Caliente el aceite de coco en una sartén a fuego medio. Agregue el resto de los ingredientes excepto el cacao en polvo y el queso crema. Mezcle hasta que se mezclen.

2. Vierta la mezcla en una sartén forrada con papel. Distribúyalo y presione para obtener una capa uniforme. Cubrir la sartén y congelar durante una hora.

3. Poner el queso crema y el cacao en polvo en una sartén a fuego lento. Mezcle hasta que se derrita y se combine. Vierta la mezcla sobre la capa sólida de sus bombas de grasa. Congele durante 15 minutos.

4. Cortar y servir.

Bombas de Grasa

Bombas de grasa de Mocha

Porciones: 6 piezas

Datos nutricionales por pieza: Calorías 167 kcal, Grasas 19 g, Proteínas 0.1 g, Neto de carbohidratos 0.9 g

Ingredientes:

- 12 cucharaditas de Splenda
- 4 cucharadas de aceite de coco
- 4 cucharadas de mantequilla alimentada con pasto
- 1 cucharada de cacao en polvo
- 2 cucharadas de crema espesa
- 1/2 cucharadita de extracto de café

Instrucciones:

1. Ponga la mantequilla en un recipiente a prueba de calor. Cocine en el microondas hasta que se ablanden. Agregue la crema espesa y mueva hasta que se mezclen completamente. Dejar enfriar.

2. En otro recipiente, combine el extracto de café, el cacao en polvo, el edulcorante y el aceite de coco.

3. Distribuya la mezcla de mantequilla y crema en el fondo de una sartén engrasada. Refrigere durante 15 minutos para que se fragüe. Vierta la mezcla de moca encima. Congelar durante media hora.

4. Retire de la sartén. Cortar y servir.

Bombas blancas cremosas

Porciones: 2 rebanadas

Datos nutricionales por pieza: Calorías 170 kcal, Grasas g, Proteínas g, Carbohidratos netos 1.5 g

Ingredientes:

- 1/8 cucharadita de canela
- 1/2 taza de crema de coco (cortada en cuadritos)

Para el primer glaseado

- 1 cucharada de mantequilla de almendra
- 1 cucharada de aceite de coco extra virgen

Para el segundo glaseado

Bombas de Grasa

- 1/2 cucharadita de canela
- 1 cucharada de mantequilla de almendra

Instrucciones:

1. Mezcle la canela y la crema de coco en un bol. Pase a una bandeja para hornear forrada con papel. Presione para hacer una capa uniforme.

2. En un bol, mezclar los ingredientes para el primer glaseado. Vierta esto sobre la primera capa. Congele durante 10 minutos.

3. Bata todos los ingredientes para el segundo glaseado en un tazón. Rocía esto sobre la bomba de grasa congelada. Congele por lo menos 5 minutos. Cortar y servir.

Trufas de Chocolate Negro

Porciones: 2 docenas

Datos nutricionales por 3 piezas: Calorías 292 kcal, Grasas 31 g, Proteínas 2.2 g, Neto carb 1.3 g

Ingredientes:

Para el recubrimiento de chocolate

- 1 cucharada de polvo de confiteros Swerve
- 2 onzas de chocolate sin azúcar para hornear
- 1/4 cucharadita de extracto de vainilla sin azúcar
- 1/2 onza de manteca de cacao
- 1/8 cucharadita de edulcorante artificial

Para el relleno de ganache

- 5 onzas de chocolate bajo en carbohidratos
- 1/2 cucharadita de extracto de chocolate
- 1 1/4 cucharaditas de extracto de chocolate
- 2 cucharadas soperas de crema espesa

Instrucciones:

1. Para hacer el ganache, derretir el chocolate en una olla doble.

2. Poner la crema y la vainilla en un recipiente a prueba de calor. Cocine en el microondas por 2 minutos. Añadir el chocolate derretido. Mezcle hasta que se mezclen. Dejar actuar durante 5 minutos. Cubra el recipiente con una envoltura de plástico. Congele durante 5 horas o toda la noche.

Bombas de Grasa

3. Forme el ganache en bolas usando las manos. Colóquelos en una bandeja forrada con papel. Refrigere a temperatura ambiente.

4. Mezclar el chocolate y la mantequilla en una olla doble a fuego lento. Añadir los edulcorantes y la vainilla. Sumerja cada bola en la capa fundida. Puede sujetar la pelota con un tenedor o un palillo de dientes. Deje que el recubrimiento se endurezca antes de servir.

Bombas de grasa de limón al estilo keto

Porciones: 16 piezas

Datos nutricionales por pieza: Calorías 112 kcal, Grasas 11.9 g, Proteínas 0.76 g, Neto de carbohidratos 0.8 g

Ingredientes:

- 7.1 onzas de mantequilla de coco (ablandada)
- 1/4 taza de aceite de coco extra virgen (ablandado)

- Una pizca de sal
- 2 cucharaditas de extracto de limón
- 20 gotas de edulcorante

Instrucciones:

1. Mezclar todos los ingredientes en un bol hasta que se mezclen completamente. Vierta en una sartén forrada con papel de pergamino. Refrigere por 2 horas. Cortar y servir.

Nota: En lugar de limón, puede modificar el sabor de esta receta utilizando otros extractos, como hierbas, frutas y vainilla.

Dulces de vainilla y nuez moscada al estilo keto

Porciones: 12 piezas

Datos nutricionales por pieza: Calorías 57 kcal, Grasas 5.3 g, Proteínas 0.55 g, Neto de carbohidratos 0.8 g

Ingredientes:

Bombas de Grasa

- 1 taza de coco rallado
- 1 taza de leche de coco entera
- 1 cucharadita de edulcorante artificial
- 1/2 cucharadita de canela
- 1/2 cucharadita de nuez moscada
- 1 cucharadita de extracto de vainilla
- 1 taza de mantequilla de coco

Instrucciones:

1. Poner todos los ingredientes excepto el coco rallado en un bol. Ponga el recipiente en una olla doble a fuego lento. Mezcle gradualmente los ingredientes hasta que se mezclen y se derritan. Retirar del fuego y dejar enfriar. Cubra el tazón y congele por 2 horas.

2. Forme las bolas con la mezcla. Enrollarlas en el coco rallado. Colocar en una bandeja y meter en la nevera durante una o dos horas.

3. Servir y disfrutar.

Bombas de grasa de calabaza con especias

Porciones: 6 piezas

Datos nutricionales por pieza: Calorías 216 kcal, Grasas 24 g, Proteínas 0.1 g, Neto carb 1 g

Ingredientes:

- ½ taza de calabaza
- 4 cucharadas de aceite de coco
- 8 cucharadas de mantequilla sin sal
- Stevia líquida al gusto
- Jengibre, canela, nuez moscada y clavo de olor al gusto

Instrucciones:

1. Ponga el aceite de coco en un recipiente a prueba de calor. Cocine en el microondas hasta que se derrita y se caliente. Agregue la mantequilla y mueva hasta que se mezclen. Continúe mezclando a medida que vaya añadiendo la calabaza. Añadir las especias y la stevia. Mezcle hasta que esté suave y cremoso.

2. Transfiera la mezcla a una sartén forrada con papel de pergamino. Refrigere hasta que esté listo. Enrollar en bolas de 1 pulgada y colocarlas en una bandeja. Refrigere durante una hora antes de servir.

Bombas de grasa de chocolate y copos de coco

Porciones: 6 piezas

Datos nutricionales por pieza: Contenido energético 372 kcal, Grasas 40 g, Proteínas 2 g, Neto carb 6 g

Ingredientes:

- 3 onzas de chocolate sin azúcar para hornear
- 5 onzas de aceite de coco
- ¼ cucharadita de sal
- 3 onzas de mantequilla sin sal
- Stevia líquida al gusto
- 1 ½ cucharadas de cacao en polvo
- 3 cucharadas de copos de coco sin azúcar (copos grandes)

Instrucciones:

1. Precaliente el horno a 350 grados. Extienda las hojuelas de coco en una bandeja para hornear y

tueste. Revise con frecuencia para asegurarse de que no se quemen o se cocinen demasiado.

2. Ponga la mantequilla sin sal, el chocolate negro sin azúcar y el aceite de coco en un recipiente a prueba de calor. Cocine en el microondas por 2 minutos. Añada la sal, la stevia y el cacao. Vierta en su molde preferido. Presionar los copos de coco en la parte superior. Congele hasta que esté listo.

3. Guarde inmediatamente las sobras en la nevera para evitar que se derritan.

Bombas de mantequilla de maní al estilo keto

Porciones: 10 piezas

Datos nutricionales por pieza: Contenido energético 184 kcal, Grasas 20 g, Proteínas 2 g, Neto carb 1 g

Ingredientes:

- 1/4 taza de mantequilla de maní

Bombas de Grasa

- 1/4 taza de cacao en polvo
- Stevia líquida al gusto
- 3/4 taza de aceite de coco

Instrucciones:

1. Ponga el aceite de coco en un recipiente a prueba de calor. Cocine en el microondas durante unos segundos hasta que se derrita. Divida esto en 3 tazones.

2. Agregue mantequilla de maní al primer tazón con aceite de coco. Mezclar hasta que se mezclen. Añada la stevia al gusto. Combine el aceite con el cacao en polvo en el siguiente tazón. Añadir la stevia al gusto y mezclar bien. Agregue la stevia al último recipiente y mezcle hasta que se mezclen.

3. Transfiera las mezclas a sus moldes. Extienda el aceite con sabor a chocolate en la parte inferior. Poner en la nevera durante al menos 10 minutos. Cubra con la capa de mantequilla de maní y refrigere hasta que esté firme. Retire de los moldes y vierta el aceite de coco transparente sobre las bombas de grasa. Puede optar por espolvorearlos con nueces picadas o coco rallado. Congele hasta que esté listo para servir.

Dulces de queso con especias al estilo keto

Porciones: 6 piezas

Datos nutricionales por pieza: Calorías 367 kcal, Grasas 61 g, Proteínas 14 g, Neto carb 1 g

Ingredientes:

- 1 cucharadita de stevia líquida
- 8 onzas de queso Neufchatel (ablandado)
- 1/2 cucharadita de nuez moscada
- 1/2 cucharadita de clavo de olor molido
- 1 cucharada de canela
- 1 cucharadita de jengibre
- 3/4 taza de aceite de coco

Instrucciones:

1. Ponga todo en un procesador de alimentos, excepto el aceite de coco. Procesar a baja velocidad. Gradualmente agregue el aceite a medida que continúe procesando la mezcla.

Bombas de Grasa

2. Dividir en 6 y rodar en bolas. Disponer en una bandeja, tapar y meter en la nevera durante 15 minutos. Como opción, puede poner chocolate negro derretido sobre las bolas. Refrigere hasta que esté listo para servir.

Bombas de grasa de coco y vainilla

Porciones: 6 piezas

Datos nutricionales por pieza: Calorías 138 kcal, Grasas 13 g, Proteínas 1 g, Neto carb 2 g

Ingredientes:

- 2 cucharadas de aceite de coco
- 1 taza de coco rallado sin azúcar
- 1/8 cucharadita de sal
- Stevia líquida al gusto
- 1/2 cucharadita de extracto de vainilla
- 1/4 taza de agua

Instrucciones:

1. Ponga todos los ingredientes en un procesador de alimentos. Procesar hasta que se mezclen. Transfiera a su molde y presione hasta que esté firme. Refrigere por 15 minutos. Cortar y servir.

Galletas de gelatina con queso horneado

Porciones: 12 piezas

Datos nutricionales por pieza: Calorías 147 kcal, Grasas 24 g, Proteínas 3 g, Neto carb 1 g

Ingredientes:

- 1 paquete de gelatina sin azúcar (cualquier sabor)
- 6 onzas de queso crema
- 1/8 cucharadita de sal marina
- 1 huevo
- 1/2 cucharadita de extracto de vainilla
- 1/2 cucharadita de polvo de hornear
- 1 taza de harina de almendras
- 4 cucharadas de mantequilla sin sal (ablandada)
- 1/4 cucharadita de extracto de almendra
- 8 gotas de stevia líquida

Bombas de Grasa

Instrucciones:

1. Ponga la mantequilla ablandada y el queso crema en un bol. Batir para combinar. Añadir los extractos y el edulcorante.

2. En otro recipiente, combine la gelatina en polvo y la sal. Añadir la harina de almendras y el polvo de hornear. Mezcle bien. Gradualmente agregue esto a la mezcla de queso crema. Mezclar con un tenedor. Enrollar la masa en una bola. Cubra con una envoltura de plástico y refrigere de 1 a 12 horas.

3. Forma bolas de 1 pulgada de la masa. Colóquelas en una bandeja para hornear. Aplana la parte superior de las galletas con la parte inferior de un vaso. Hornee en un horno precalentado a 325 grados durante 6 minutos.

4. Deje enfriar completamente antes de servir. Evite tocarlo antes de que las galletas se enfríen completamente porque podrían desmoronarse.

Bombas de grasa con capas de menta

Porciones: 12 piezas

Datos nutricionales por pieza: Contenido energético 155 kcal, Grasas 18 g, Proteínas 0,1 g, Neto de carbohidratos 1 g

Ingredientes:

- 1/3 taza de ralladuras de coco
- 3/4 taza de mantequilla de coco
- 1/2 cucharadita de extracto de menta
- Stevia líquida al gusto
- 3 cucharadas de aceite de coco
- 2 cucharaditas de cacao en polvo sin azúcar

Instrucciones:

1. En un tazón, ponga el coco rallado, el extracto de menta, una cucharada de aceite de coco y la mantequilla de coco. Mueva hasta que se mezclen. Vierta en los moldes. Refrigere por 15 minutos.

2. Mezcle el cacao en polvo y el aceite de coco en un tazón. Vierta esto encima de la capa firme. Refrigere hasta que esté listo. Dejar a temperatura ambiente durante 5 minutos antes de cortar y servir.

Bombas de Grasa

Bombas de tocino con queso

Porciones: 12 piezas

Datos nutricionales por pieza: Calorías 201 kcal, Grasas 32 g, Proteínas 8 g, Neto carb 1 g

Ingredientes:

- 8 rebanadas de tocino (fritas y desmenuzadas)
- 4 cucharaditas de grasa de tocino
- 8 onzas de queso Neufchatel (ablandado)
- 1/4 taza de jarabe de arce sin azúcar
- 4 cucharadas de aceite de coco
- 1/2 taza de mantequilla sin sal

Instrucciones:

1. Reservar un poco de tocino desmenuzado.

2. Ponga el resto de los ingredientes en un recipiente a prueba de calor. Cocine en el microondas hasta que se derrita. Revuelva la mezcla de vez en cuando para asegurarse de que todo esté combinado. Vierta en una sartén y congele durante al menos 15 minutos.

Espolvorear el tocino desmenuzado por encima. Cortar y servir.

Bombas para pasteles de queso rojos sin hornear

Porciones: 48 piezas

Datos nutricionales por pieza: Calorías 81 kcal, Grasas 8.6 g, Proteínas 1 g, Neto carb 1 g

Ingredientes:

- Unas gotas de color rojo de los alimentos
- 3 cucharaditas de extracto de frambuesa
- 8 onzas de queso crema (ablandado)
- 2 cucharadas de crema espesa
- 1 1/2 tazas de chispas de chocolate sin azúcar
- 1/2 taza de sustituto del azúcar
- 1/4 taza de aceite de coco (derretido)
- Una pizca de sal
- 1 cucharadita de stevia de vainilla

Instrucciones:

1. Mezcle el queso crema y el sustituto del azúcar en una licuadora. Procese hasta que esté suave.

Bombas de Grasa

Agregue la crema, la sal, la stevia, el colorante de los alimentos y el extracto de frambuesa. Procesar hasta que se mezclen. Añadir lentamente el aceite de coco. Raspe los lados para asegurarse de que el aceite se distribuya uniformemente en la mezcla. Páselo a un recipiente y cúbralo con plástico. Poner en la nevera durante una hora o hasta que esté listo.

2. Use una cuchara para galletas para medir bolas de 1 1/4 de pulgada. Colóquelo en una bandeja. Congele hasta que esté listo para servir.

3. Como opción, puede cubrir las bolas con chocolate negro derretido. Refrigere hasta que esté listo.

Bombas de grasa inspiradas en el Mediterráneo

Porciones: 5 piezas

Datos nutricionales por pieza: Calorías 164 kcal, Grasas 17.1 g, Proteínas 3.7 g, Carbohidratos netos 1.7 g

Ingredientes:

- 1/4 taza de mantequilla blanda
- 1/2 taza de queso crema lleno de grasa
- 5 cucharadas de queso parmesano rallado
- 2 dientes de ajo (machacados)
- 4 tomates secos (escurridos)
- 4 aceitunas sin hueso
- 3 cucharadas de hierbas frescas (o 2 cucharaditas de hierbas secas)
- Pimienta negra recién molida y sal marina al gusto

Instrucciones:

1. En un recipiente, muela la mantequilla ablandada y el queso crema con un tenedor hasta que se mezclen. Añada las hierbas, los tomates, el ajo y las aceitunas. Sazone con sal y pimienta. Mezcle bien. Cubrir el bol y meter en la nevera durante al menos 30 minutos.

2. Usa tus manos para crear bolas a partir de la masa. Enrolle cada bola en queso hasta que esté

Bombas de Grasa

completamente cubierta. Coloque las bolas en una bandeja. Refrigere durante 15 minutos antes de servir.

Nota: Para las hierbas, puede usar albahaca, orégano o tomillo.

Bombas de limón al estilo keto

Porciones: 16 piezas

Datos nutricionales por pieza: Calorías 112 kcal, Grasas 11.9 g, Proteínas 0.76 g, Neto de carbohidratos 0.8 g

Ingredientes:

- 2 cucharadas de cáscara de limón fresca
- 7.1 onzas de mantequilla de coco (ablandada)
- Una pizca de sal
- 15 gotas de stevia líquida
- 1/4 taza de aceite de coco extra virgen (ablandado)

Instrucciones:

1. Mezclar todos los ingredientes en un bol. Ajustar la sal y el edulcorante según el gusto. Transfiera a los moldes y congele durante una hora antes de servir.

Bombas de doble chocolate al estilo keto

Porciones: 2 docenas

Datos nutricionales por 3 piezas: Calorías 292 kcal, Grasas 31 g, Proteínas 2.2 g, Neto carb 1.3 g

Ingredientes:

Para el relleno de ganache

- 1 1/4 cucharadita de extracto de chocolate
- 2 cucharadas, más 2 cucharaditas de crema espesa
- 5 onzas de chocolate bajo en carbohidratos
- 1/2 cucharadita de extracto de vainilla sin azúcar

Para el recubrimiento de chocolate

- 2 onzas de chocolate sin azúcar para hornear
- 1 cucharada de sustituto del azúcar

Bombas de Grasa

- 3 cucharaditas de manteca de cacao
- 1/8 cucharadita de extracto de stevia
- 1/4 cucharadita de extracto de vainilla sin azúcar

Instrucciones:

1. Ponga el chocolate en una olla doble y revuelva hasta que se derrita.

2. Ponga la vainilla y la crema en un recipiente a prueba de calor. Cocine en el microondas por 2 minutos. Añadir el chocolate fundido y el extracto de chocolate. Mezclar bien y dejar reposar 5 minutos. Cubra el recipiente con una envoltura de plástico. Congele durante 12 horas o toda la noche.

3. Deje el ganache frío a temperatura ambiente durante un par de minutos. Dividir y moldear en bolas. Coloque las bolas en un plato forrado con papel. Refrigere mientras trabaja en el recubrimiento.

4. Derrita la manteca de cacao y el chocolate en una olla doble. Añadir los edulcorantes y la vainilla. Mezcle bien.

5. Sumerja cada bola en la capa de chocolate. Colóquelos en un plato forrado con papel y refrigérelos hasta que estén listos para servir.

Guacamole saludable

Porciones: 6 piezas

Datos nutricionales por pieza: Calorías 156 kcal, Grasas 15.2 g, Proteínas 3.4 g, Neto carb 1.4 g

Ingredientes:

- 1/2 aguacate grande
- 2 dientes de ajo (machacados)
- 1/2 cebolla blanca (picada)
- 1/4 taza de mantequilla o ghee (a temperatura ambiente)
- 4 rebanadas grandes de tocino
- 1 chile picado
- Sal marina y negro recién molido al gusto
- 1 cucharada de jugo de limón fresco
- 2 cucharadas de cilantro recién picado

Bombas de Grasa

Instrucciones:

1. Poner las lonchas de tocino en una bandeja de horno forrada con papel. Cocine en el horno precalentado a 375 grados durante 15 minutos o hasta que se doren. Transfiera a una rejilla y deje enfriar. Reservar las gotas y desmenuzar el tocino para utilizarlo como empanada.

2. Sacar la carne del aguacate en un bol. Agregue el chile, la mantequilla, el jugo de limón, el cilantro y el ajo machacado. Sazone con sal y pimienta. Triturar y mezclar con un tenedor hasta que todo esté mezclado. Añadir la cebolla y mezclar bien. Añadir las gotas de tocino de la bandeja. Mueva hasta que se mezclen.

3. Cubra el recipiente con papel de aluminio y refrigere por 30 minutos.

4. Dividir la masa en 6 y formar bolitas. Enrollarlas en el tocino desmenuzado y colocarlas en una bandeja. Refrigere durante 15 minutos antes de servir.

Guarde las sobras en un recipiente hermético. Duran una semana cuando se refrigeran.

Pecan and Bacon Keto Treats

Porciones: 3 piezas

Datos nutricionales por 3 piezas: Calorías 158 kcal, Grasas 17 g, Proteínas 2 g, Neto carb 1 g

Ingredientes:

- 1 cucharada de mantequilla sin sal
- 1 rebanada de tocino
- 2 mitades de nueces (tostadas y picadas)
- Una pizca de ajo granulado

Instrucciones:

1. Cortar el tocino en 3 rebanadas. Unte mantequilla en cada lado del tocino y colóquelo en una pacana. Espolvorear con un poco de sal y disfrutar de su regalo.

Tazas de caramelo de coco y chocolate

Porciones: 20 mini tazas

Bombas de Grasa

Datos nutricionales por 2 piezas: Calorías 240 kcal, Grasas 25 g, Proteínas 2 g, Neto carb 1 g

Ingredientes:

- 1/2 taza de aceite de coco
- 1/2 taza de mantequilla de coco
- 3 cucharadas de edulcorante
- 1/2 taza de coco rallado sin azúcar

Para la cobertura de chocolate

- 1 onza de chocolate sin azúcar
- 1 1/2 onzas de manteca de cacao
- 1/4 taza de cacao en polvo
- 1/4 cucharadita de extracto de vainilla
- 1/4 taza de edulcorante en polvo

Instrucciones:

1. Trabaje primero en los caramelos. Coloque 20 mini bolsas de papel en una bandeja para magdalenas. Deje a un lado.

2. Poner el aceite de coco y la mantequilla de coco en una cacerola a fuego lento. Mezcle hasta que se derrita y se combine. Añadir el edulcorante y el coco rallado. Mezcle bien. Retire del fuego.

Dividir entre los moldes preparados. Congela durante una hora.

3. Ponga el chocolate sin azúcar y la manteca de cacao en un bol. Ponga el recipiente encima de una sartén con agua hirviendo a fuego lento. Mezcle hasta que se mezclen y se derritan. Tamizar el edulcorante en el bol. Añadir el cacao en polvo. Mezcle hasta que esté suave. Apaga el fuego. Añadir el extracto de vainilla y mezclar bien.

4. Ponga la mezcla de chocolate derretido en la parte superior de los caramelos. Congele durante 15 minutos antes de servir.

Ponga cualquier exceso en un recipiente hermético. Durarán una semana a temperatura ambiente.

Mini tartas de limón sin huevo

Porciones: 24 tartas

Bombas de Grasa

Datos nutricionales por pieza: Calorías 101 kcal, Grasas 10.3 g, Proteínas 1.3 g, Neto de carbohidratos 1.08 g

Ingredientes:

Para la corteza

- 3/4 taza de coco seco (finamente rallado)
- 1 taza de harina de almendras
- 2 cucharadas de sustituto del azúcar
- 1 1/2 cucharaditas de extracto de vainilla
- 3 cucharadas de jugo de limón
- Una pizca de sal
- 4 1/2 cucharadas de mantequilla o ghee (derretida)

Para el llenado

- 1/3 taza de jugo de limón fresco
- 1/2 taza de mantequilla o ghee (a temperatura ambiente)
- 2 cucharaditas de extracto de limón
- 1/3 taza de leche de coco entera
- Cáscara rallada de 2 limones
- 1 cucharadita de extracto de vainilla (sin azúcar)
- 1/2 taza de sustituto del azúcar

- 1/4 cucharadita de sal

Instrucciones:

1. Engrasar ligeramente 2 moldes para magdalenas. Deje a un lado.

2. Poner todos los ingredientes de la masa en un bol. Mezcle hasta que se mezclen. Transfiera la masa sobre un papel encerado y enrolle en un tronco. Cortar en 24 partes. Forme una bola con cada una de las partes. Ponga cada bola en el agujero de la bandeja de panecillos y presione en la parte inferior. Cubra con una envoltura de plástico y enfríe mientras trabaja en el relleno.

3. Poner la mantequilla en un bol. Batir con una batidora eléctrica hasta que esté suave. Agregue el edulcorante, la sal, la leche, los extractos, el jugo de limón y la ralladura. Batir hasta que todo esté combinado. Pruebe la mezcla y añada más edulcorante o jugo de limón según su preferencia.

4. Ponga las bandejas de panecillos sobre la mesa. Con una cuchara, coloque el relleno encima de cada corteza. Cubra cada uno con un poco de cáscara de limón. Poner en la nevera durante 15 minutos o hasta que esté listo para servir.

Bombas de Grasa

Puede servir el exceso de relleno como pudín. También puede ponerlos en moldes, congelarlos y convertirlos en bombas de grasa con sabor a limón.

Dulces de chocolate con coco

Porciones: 30 caramelos

Datos nutricionales por pieza: Calorías 76 kcal, Grasas 7.7 g, Proteínas 0.92 g, Neto carb 1 g

Ingredientes:

- 1 taza de cacao en polvo crudo
- 1 taza de aceite de coco extra virgen
- 1/4 taza de eritritol en polvo
- Una pizca de sal
- 1 cucharadita de vainilla en polvo
- 1/4 taza de mantequilla de coco y nuez (refrigerada)
- 15 gotas de extracto de stevia

Instrucciones:

1. Ponga el aceite de coco extra virgen en un recipiente a prueba de calor. Cocine en el microondas por un minuto a baja temperatura. Agregue la stevia, el eritritol, el cacao en polvo y el extracto de vainilla. Tenga en cuenta que es importante mezclar el eritritol con el aceite mientras aún está caliente, de lo contrario, le resultará difícil de disolver. Mezcle bien hasta que no haya grumos.

2. Llene la porción de 1/3 de un molde de silicona con la mezcla de chocolate. Una vez terminados todos los moldes, ponerlos en la nevera durante 15 minutos.

3. Ponga media cucharadita del coco y la mantequilla de nueces encima del chocolate en cada molde. Vierta el resto de la mezcla de chocolate encima y refrigere durante una hora antes de servir.

Mantenga los dulces refrigerados. Sáquelos de los moldes cuando esté listo para comerlos. La base es el aceite de coco, que se ablanda fácilmente a temperatura ambiente.

Bombas de Grasa

Barras de chocolate al estilo keto

Porciones: 12 piezas

Datos nutricionales por pieza: Calorías 118 kcal, Grasas 13.2 g, Proteínas 0.8 g, Neto de carbohidratos 0.8 g

Ingredientes:

Para la barra de chocolate negro

- 1.5 onzas de chocolate sin azúcar para hornear (derretido)

Para la barra de chocolate con leche

- 1/4 onza de chocolate sin azúcar para hornear (derretido)

Para la barra de chocolate blanco

- 1 cucharadita de extracto de toffee
- 2 onzas de manteca de cacao
- Sal marina al gusto
- 1/3 taza de Confiteros Swerve

Para el relleno de caramelo

- 6 cucharadas de mantequilla orgánica
- 1/2 taza de crema batida espesa (orgánica)

- 1 taza de Confiteros Swerve

Instrucciones:

1. Ponga la manteca de cacao en un recipiente a prueba de calor. Cocine en el microondas por un minuto en un lugar alto. Revuelva y compruebe cada 30 segundos para asegurarse de que está completamente derretido. Esta grasa tarda más tiempo en derretirse que los tipos tradicionales. Añadir el edulcorante y mezclar bien. Agregue la sal y los extractos, y revuelva hasta que se mezclen. Transfiera la mezcla de chocolate blanco a sus moldes. Refrigere por una hora o hasta que esté listo.

2. Reúna todos los ingredientes para el relleno antes de trabajar en él. Hay que trabajar rápido para que los ingredientes no se quemen. Caliente la mantequilla en una cacerola a fuego lento. Una vez que hierva, añadir inmediatamente la nata y los confiteros. Batir y raspar los lados para combinarlo todo. Continúe batiendo hasta que esté suave. Apaga el fuego.

3. Coloque los moldes con la capa de chocolate blanco frío sobre la mesa. Pase el relleno por cada

Bombas de Grasa

molde. Cubra cada pieza con chocolate derretido. Refrigere hasta que esté listo.

Bombas de Cacao Congelado

Porciones: 20 piezas

Datos nutricionales por 2 piezas: Calorías 48.8 kcal, Grasas 5 g, Proteínas 0.7 g, Carbohidratos netos 1.1 g

Ingredientes:

- 2 cucharadas de cacao en polvo sin azúcar
- 1/4 cucharadita de pimienta de cayena
- 1 taza de leche de coco
- 1 cucharadita de canela
- 20 gotas de extracto de stevia
- 1 cucharadita de extracto de vainilla sin azúcar
- 2 cucharadas de eritritol en polvo

Instrucciones:

1. Ponga la leche de coco en un recipiente a prueba de calor. Cocine en el microondas durante varios segundos o hasta que esté ligeramente caliente. Esto facilitará la disolución de los demás ingredientes. Añadir el resto de los ingredientes. Mezcle bien.

2. Ponga una cucharada de la mezcla en cada agujero de una bandeja de cubitos de hielo. Deje enfriar durante 2 horas.

Bombas fudgy de coco blanco

Porciones: 24 piezas

Datos nutricionales por pieza: Calorías 175 kcal, Grasas 17.8 g, Proteínas 2.2 g, Carbohidratos netos 1.2 g

Ingredientes:

- 1/2 taza de polvo de proteína de vainilla
- 1 lata de 15 onzas de leche de coco
- 4 onzas de mantequilla de cacao

Bombas de Grasa

- Una pizca de sal
- 1/2 taza de aceite de coco
- 1 cucharadita de stevia líquida de coco
- 1 taza de mantequilla de coco
- 1 cucharadita de extracto de vainilla
- Copos de coco no endulzados como aderezo

Instrucciones:

1. Poner la mantequilla de cacao en una sartén a fuego lento. Revuelva hasta que se derrita. Añada el aceite de coco, la leche de coco y la mantequilla de coco. Mezclar bien hasta que se mezclcn y estén libres de grumos. Retire de la estufa. Agregue el extracto de vainilla, la sal, la stevia y la proteína en polvo. Mezclar hasta que todo esté incorporado.

2. Transfiera la mezcla a un molde cuadrado forrado con papel de pergamino. Espolvoree con copos de coco por encima. Cubra y refrigere durante toda la noche.

3. Cortar y servir.

Puede mantener las sobras a temperatura ambiente.

Caramelos al estilo keto con especias

Porciones: 6 piezas

Datos nutricionales por pieza: Contenido energético 372 kcal, Grasas 36,98 g, Proteínas 2,32 g, Neto carb 1,7 g

Ingredientes:

- 1/2 taza de edulcorante
- 8 onzas de queso crema integral (temperatura ambiente)
- 3/4 taza de aceite de coco (derretido)
- 1 cucharadita de canela molida
- 1 cucharadita de jengibre recién rallado
- 1/2 cucharadita de nuez moscada molida
- 1/2 cucharadita de clavo de olor molido

Instrucciones:

1. Ponga todo, excepto el aceite de coco, en un procesador de alimentos. Procese hasta que esté suave. Poco a poco, añada el aceite mientras la máquina está en marcha. Continúe mezclando

Bombas de Grasa

hasta que la mezcla se asemeje a la consistencia de una mayonesa.

2. Transfiera la mezcla a 6 moldes pequeños con tapas. Cierre con llave las tapas y refrigere hasta que esté listo para servir.

Barras de chocolate bajas en carbohidratos

Porciones: 12 piezas

Datos nutricionales por pieza: Calorías 216 kcal, Grasas 22 g, Proteínas 2 g, Neto carb 2 g

Ingredientes:

Para la capa de coco

- 1/3 taza de aceite de coco virgen (derretido)
- 2 tazas de coco rallado (sin azúcar)
- 2 gotas de stevia líquida

Para la capa de chocolate

- 1 cucharada de aceite de coco

- 3 onzas de chocolate sin azúcar para hornear
- 2 gotas de stevia líquida

Instrucciones:

1. Coloque la cuchilla S en su procesador de alimentos. Poner todos los ingredientes para la capa de coco. Procesar hasta que se mezclen. Raspar los lados y procesar hasta que se forme la masa.

2. Transfiera la masa a una bandeja de pan de silicona. Presiónalo en la parte inferior. Congele hasta que esté listo.

3. Ponga el chocolate y el aceite de coco en un recipiente a prueba de calor. Cocine en el microondas a fuego alto hasta que se derrita. Añadir el edulcorante. Mezcle bien.

4. Vierta el chocolate derretido sobre la capa fría de coco. Poner de nuevo en el congelador durante media hora.

5. Retire del molde y corte en 12 barras. Guarde las sobras en una bolsa Ziploc y guárdelas en el congelador.

Bombas de Grasa

Trufas dobles de chocolate

Porciones: 2 docenas

Datos nutricionales por 3 piezas: Calorías 292 kcal, Grasas 2.8 g, Proteínas 2.2 g, Carbohidratos netos 1.3 g

Ingredientes:

Para el relleno de ganache

- 2 cucharadas, más 2 cucharaditas de crema espesa
- 5 onzas de chocolate negro bajo en carbohidratos
- 1 1/4 cucharadita de extracto de chocolate
- 1/2 cucharadita de extracto de vainilla

Para el recubrimiento de chocolate

- ½ onza de manteca de cacao
- 2 onzas de chocolate sin azúcar para hornear
- 1/4 cucharadita de extracto de vainilla
- 1 cucharada de Confiteros Swerve
- 1/8 cucharadita de extracto de stevia

Instrucciones:

1. Prepara el ganache. Derretir el chocolate en una cazuela doble.

2. Ponga la vainilla y la crema en un recipiente a prueba de calor. Cocine en el microondas hasta que la mezcla esté en la etapa de burbujeo. Esto significa que está cerca del punto de ebullición. Añadir la mezcla al chocolate derretido. Agregue el extracto de chocolate. Dejar reposar durante 5 minutos. Transfiera la mezcla caliente a un recipiente. Ponga una envoltura de plástico en la parte superior. El plástico debe tocar la superficie de la mezcla. Congele durante 6 horas o toda la noche.

3. Coge bolitas del ganache frío. Colóquelos en una bandeja forrada con papel encerado. Refrigere mientras trabaja en el recubrimiento.

4. Derrita el chocolate en una olla doble a fuego lento. Añadir la manteca de cacao. Mezcle hasta que se derrita y se combine. Retire del fuego. Añadir la vainilla y los edulcorantes. Mezcle bien.

Bombas de Grasa

5. Sumerja cada bola en la mezcla de chocolate derretido. Deje reposar y sumerja una vez más para obtener una capa más gruesa.

También puede optar por enrollar el ganache en nueces picadas o espolvorearlas con un poco de sal marina antes de sumergirlas en el chocolate derretido.

Bombas de almendra con queso al estilo keto

Porciones: 12 piezas

Datos nutricionales por pieza: Calorías 86 kcal, Grasas 7 g, Proteínas 2 g, Neto carb 2 g

Ingredientes:

- 1 onza de queso crema
- 4 cucharadas de mantequilla de coco
- 1 cucharada de cacao en polvo
- 16 gramos de chocolate negro
- 4 cucharadas de mantequilla de almendra
- 2 cucharadas de sirope sin azúcar

Instrucciones:

1. Ponga todos los ingredientes excepto la mantequilla de coco en un recipiente a prueba de calor. Cocine en el microondas hasta que se derrita mientras revuelve la mezcla cada 15 segundos para verificar. Una vez que todo esté mezclado, agregar la mantequilla de coco y mezclar bien.

2. Vierta la mezcla en sus moldes. Congela durante una hora. Retire de los moldes cuando esté listo para servir. Guarde las sobras en la nevera porque se derretirán fácilmente cuando se dejen a temperatura ambiente.

Capítulo 3 - Recetas de la bomba de grasa baja en carbohidratos con bayas

Es importante que conozca los ingredientes correctos que debe usar cuando siga una dieta baja en carbohidratos. Después de probar las recetas de este libro y cuando ya conozcas las técnicas correctas para crear bombas de grasa, puede crear sus propias recetas. Usted puede usar cualquier ingrediente que desee siempre y cuando contenga una cantidad baja de carbohidratos.

Las verduras y las frutas son muy comunes en cualquier dieta baja en carbohidratos. Apéguese a los tipos oscuros y frondosos cuando escoja verduras porque son bajas en carbohidratos y altas en nutrientes. La mayoría de las verduras verdes crucíferas que crecen por encima del suelo son adecuadas para la dieta. Todo lo que crece bajo tierra debe consumirse con moderación.

Aquí hay una lista de las verduras que puede comer en cualquier momento:

- Hojas verdes (contienen de 0,5 a 5 gramos de carbohidratos netos por cada taza) - Col rizada, remolacha verde, diente de león, acelga, mostaza, hinojo, endibia, achicoria, nabo, lechuga romana.
- Verduras crucíferas (contienen de 3 a 6 gramos netos de carbohidratos por cada taza) - Col, coliflor, brócoli, coles de Bruselas
- Hierbas frescas (casi sin carbohidratos por cada 1 a 2 cucharadas)
- Pepino, cebollino, apio, puerros, calabacín (contiene de 2 a 4 gramos netos de carbohidratos por cada 1 taza)

Las siguientes verduras tienen un contenido ligeramente mayor de carbohidratos, alrededor de 3 a 7 gramos netos de carbohidratos por cada 1 taza, pero aún así son seguras para consumir en una dieta baja en carbohidratos:

- Frijoles verdes
- Espárragos
- Tomates
- Brotes de bambú
- Castañas

Bombas de Grasa

- Jicama
- Rábano
- Champiñón
- Brotes de soja
- Guisantes de azúcar

Frutas

Las bayas se encuentran entre las frutas más seguras para comer cuando se está en una dieta baja en carbohidratos. Pueden ayudarle a mantener su límite de 30 gramos o menos de carbohidratos por día. He aquí una lista de las frutas que puede incluir en su dieta y la cantidad de carbohidratos que tienen por cada 100 gramos y el tamaño promedio de las porciones.

- Aguacate - 1.84 gramos (1/2 de la fruta)
- Frutas estrelladas - 3.93 gramos (1 pieza mediana)
- Tomate - 2,69 gramos (1 pedazo de vid pequeña)
- Melón de miel - 5,68 gramos (8 bolas de miel)
- Melón - 7,26 gramos (7 bolas de melón)

- Sandía - 7. 15 gramos (8 bolas de sandía)
- Ruibarbo - 2.74 gramos (2 tallos)
- Albaricoque - 9.12 gramos (3 frutas sin hueso)
- Clementina - 10.32 (1 pieza mediana)
- Carne de coco - 6.23 gramos (1 taza de coco rallado)
- Limón - 6,52 gramos (2 unidades)
- Kiwi - 11,66 gramos (1 1/2 unidades)
- Manzana Granny Smith - 10.81 gramos (3/5 de una pieza mediana)
- Melocotón - 8.05 gramos (3/4 de una fruta pequeña)
- Ciruela - 10,02 gramos (1 1/2 unidades)

Bayas

Este capítulo presenta recetas que incluyen bayas en los ingredientes. Aquí están algunas de las bayas utilizadas en las recetas, incluyendo su contenido de carbohidratos y sus beneficios para la salud:

1. Zarzamoras

Estas bayas se han utilizado desde la antigüedad en el tratamiento de la gota y otras enfermedades. Contienen grandes cantidades de nutrientes, como manganeso, y vitaminas C y K. Reducen la inflamación, estimulan la función motora y cerebral, y mejoran la salud de la piel. La fruta también está cargada de antocianina y ácido elágico que puede ayudar a retardar el crecimiento del cáncer al suprimir la mutación de la célula. Una taza de frambuesas contiene 7 gramos de carbohidratos netos y 8 gramos de fibra.

2. Frambuesas

Son altos en nutrientes y bajos en carbohidratos. Además de las bombas de grasa, también puede usar frambuesas en otros platos y golosinas dulces y saladas. Tienen propiedades antioxidantes que ayudan a combatir la inflamación y a proteger su cuerpo de los radicales libres dañinos. Las frambuesas tienen un alto contenido de polifenoles que ayudan a prevenir la acumulación de plaquetas en las arterias y disminuye la presión arterial. Una porción de 1/2 taza de la fruta contiene 3.5 gramos de carbohidratos netos.

3. Fresas

La fruta tiene un contenido de carbohidratos ligeramente superior al de las frambuesas y moras. Usted obtendrá alrededor de 5 gramos de carbohidratos netos por cada porción de 3/4 de taza. Siempre recuerde comerlas con moderación. Además de ser refrescantes, las fresas ayudan a mejorar sus niveles de azúcar en la sangre y de insulina.

4. Arándanos

Son ricos en vitamina C y antioxidantes que son buenos para la piel. También deben consumirse con moderación porque la fruta contiene más carbohidratos que las fresas. Tienen aproximadamente 17.4 gramos de carbohidratos netos por cada porción de 1 taza. También tienen un mayor contenido de fructosa que las otras bayas, por eso es importante que limite su consumo.

Bombas de Grasa

Aquí están algunas muestras de las recetas de la bomba de grasa con diferentes bayas como parte de los ingredientes:

Bombas de grasa de coco y bayas

Porciones: 16 cuadrados pequeños

Datos nutricionales por 1 cuadrado: Calorías 170 kcal, Grasas 18.7 g, Proteínas 1.1 g, Neto de carbohidratos 0.8 g

Ingredientes:

- 1/2 taza de bayas frescas o congeladas de su elección (frambuesas, moras o fresas)
- 1 taza de aceite de coco
- 1 cucharada de jugo de limón
- 1 taza de mantequilla de coco
- 1/2 cucharadita de extracto de vainilla
- 1/2 cucharadita de gotas de stevia

Instrucciones:

1. Caliente el aceite de coco y la mantequilla de coco en una sartén a fuego medio. Agregue las bayas si están congeladas. Mezclar hasta que se mezclen y los aceites estén fundidos.

2. Deje que la mezcla de aceite se enfríe ligeramente antes de transferirla a un procesador de alimentos. Agregue el resto de los ingredientes y procese hasta que estén suaves.

3. Vierta la mezcla en una sartén cuadrada forrada con papel de pergamino. Poner en la nevera durante al menos una hora. Cortar en cuadraditos y servir.

Bombas de remolino de chocolate y fresa

Porciones: 12

Datos nutricionales por pieza: Calorías 99 kcal, Grasas 11 g, Proteínas 0.1 g, Neto carb 1 g

Ingredientes:

- 2 cucharadas de cacao en polvo
- 1/4 cucharadita de stevia líquida

Bombas de Grasa

- 4 cucharadas de aceite de coco
- 4 cucharadas de mantequilla sin sal

Para el remolino de fresas

- 1/4 taza de fresas
- 1/4 cucharadita de stevia líquida
- 1 cucharada de aceite de coco
- 1 cucharada de mantequilla sin sal
- 1 cucharada de crema espesa

Instrucciones:

1. Ponga la mantequilla en un recipiente a prueba de calor. Cocine en el microondas hasta que se ablanden. Dejar enfriar un poco antes de añadir el cacao en polvo, la stevia y el aceite de coco. Mezclar bien y reservar.

2. Prepara el remolino de fresas. Ponga la crema espesa y las fresas en un recipiente a prueba de calor. Triturar las bayas mientras se mezclan. Cocine en el microondas por 10 segundos y deje a un lado.

3. Derrita la mantequilla en otro recipiente. Gradualmente agregue la mezcla de fresas calientes, la stevia y el aceite de coco. Mezclar con una batidora de palitos hasta que se mezclen.

4. Para ensamblar, vierta la mezcla de chocolate primero en sus moldes. Añadir la mezcla de fresas en el centro y agitar con un palillo de dientes. Congele las bombas de grasa durante 20 minutos antes de sacarlas de los moldes. Ponga las sobras en un recipiente hermético y guárdelas en el congelador.

Bombas de grasa de zarzamoras y queso

Porciones: 12

Datos nutricionales por pieza: Contenido energético 392 kcal, Grasas 50 g, Proteínas 4 g, Neto carb 1,3 g

Ingredientes:

- 1 taza de moras
- 3 cucharadas de queso mascarpone
- 4 onzas de queso crema (ablandado)
- Stevia al gusto
- 2 onzas de nueces de macadamia (trituradas)

Bombas de Grasa

- 1/2 cucharadita de jugo de limón
- 1/2 cucharadita de extracto de vainilla
- 1 taza de mantequilla de coco
- 1 taza de aceite de coco

Instrucciones:

1. Ponga las nueces de macadamia en el procesador de alimentos y procese hasta que se trituren. Transfiera a una bandeja para hornear y presione en la parte inferior. Hornee durante 7 minutos a 325 grados o hasta que estén dorados. Deje enfriar un poco.

2. Extender el queso crema ablandado sobre la capa de macadamia.

3. En un recipiente, coloque el queso mascarpone, el edulcorante, la vainilla, las moras, el jugo de limón, la mantequilla de coco y el aceite de coco. Mezcle hasta que esté suave. Vierta esto sobre la capa de queso crema y extiéndalo con una espátula.

4. Tape y congele por una hora. Cortar y servir.

Bombas de grasa de arándano y queso

Porciones: 16 piezas

Datos nutricionales por pieza: Calorías 231 kcal, Grasas 29 g, Proteínas 3 g, Neto carb 2 g

Ingredientes:

- 4 onzas de queso Neufchatel (ablandado)
- 1 taza de arándanos
- Stevia líquida al gusto
- 1/4 taza de crema de coco
- 8 onzas de mantequilla sin sal
- 3/4 taza de aceite de coco

Instrucciones

1. Poner los arándanos en una sartén y aplastarlos en el fondo.

2. Derrita la mantequilla en una cacerola a fuego lento. Agregue el aceite. Retirar del fuego y dejar reposar durante 5 minutos. Añadir el resto de los ingredientes. Use una batidora de mano para batir bien. Gradualmente agregue la stevia al gusto. Vierta esto encima de las bayas trituradas. Deje enfriar durante una hora.

3. Rebane y cubra con los arándanos enteros antes de servir.

Bombas de Grasa

Nota: También puede optar por usar puré de bayas. Para hacerlo, coloque las bayas, el queso crema y la crema de coco en una licuadora. Procesar hasta que se haga puré. Derrita el aceite de coco y la mantequilla en una cacerola a fuego lento. Deje enfriar durante 5 minutos y añada la stevia al gusto. Poner la mezcla en la licuadora. Procese hasta que todo esté combinado. Transfiera a sus moldes y congele por una hora.

Delicias de frambuesa y chocolate

Porciones: 14 piezas

Datos nutricionales por pieza: Calorías 164 kcal, Grasas 17.1 g, Proteínas 2.2 g, Carbohidratos netos 2.6 g

Ingredientes:

Tienes dos opciones para el chocolate.

Para un sabor más suave, utilice el chocolate rápido keto:

- 100 gramos de manteca de cacao

- 1 cucharadita de extracto de vainilla sin azúcar
- 2 cucharadas de aceite de coco extra virgen
- 300 gramos de chocolate negro (al menos 85 por ciento)
- Edulcorante al gusto

La otra opción es hacer chocolate casero:

- 4.2 onzas de chocolate negro sin azúcar (100% cacao)
- 1/2 taza de manteca de cacao
- 1 cucharadita de extracto de vainilla sin azúcar
- 3 cucharadas de aceite de coco extra virgen
- 25 gotas de extracto de stevia
- 1/3 taza de cacao en polvo sin azúcar
- Eritritol en polvo al gusto

Para los aderezos

- 30 gramos de almendras (alrededor de 25 unidades)
- 1 1/2 tazas de frambuesas frescas o congeladas

Instrucciones:

Bombas de Grasa

1. Asar las almendras en una sartén durante 5 minutos. Ponga cada nuez en una frambuesa. Colóquelos en una bandeja y déjelos enfriar durante una hora.

2. Si está usando el chocolate keto rápido, ponga todos los ingredientes en una olla doble. Mezcle hasta que se derrita y se combine.

3. Para la otra opción, ponga el aceite de coco, la manteca de cacao y el chocolate sin azúcar en un tazón. Ponga el recipiente encima de una olla con agua hirviendo a fuego lento. Revuelva la mezcla hasta que se derrita. Retire del fuego. Agregue el cacao sin azúcar, el extracto de vainilla, la stevia y el eritritol en polvo. Mezclar bien.

4. Coloque los mini vasos de papel para magdalenas en una bandeja. Ponga una cucharada de la mezcla de chocolate en cada taza. Ponga 2 frambuesas frías en cada taza. Ponga otra cucharada de chocolate encima. Refrigere por 30 minutos o hasta que esté listo para servir.

Estas golosinas duran hasta 3 días cuando se guardan en la nevera y hasta una semana cuando se enfrían.

Delicias de tarta de queso con fresas de bajo contenido en carbohidratos

Porciones: 14 piezas

Datos nutricionales por pieza: Calorías 67 kcal, Grasas 7.4 g, Proteínas 0.96 g, Neto de carbohidratos 0.85 g

Ingredientes:

- 1/2 taza de fresas (frescas o congeladas)
- 1/4 taza de mantequilla o aceite de coco (ablandado)
- 1 cucharada de extracto de vainilla
- 5.3 onzas de queso crema (temperatura ambiente)
- 15 gotas de stevia líquida

Instrucciones:

1. Cortar la mantequilla y el queso crema en trozos pequeños y ponerlos en un bol. Dejar a temperatura ambiente durante una hora.

2. Quitar las partes verdes y enjuagar las fresas. Póngalos en una licuadora y procese hasta que

Bombas de Grasa

estén suaves. Añadir el extracto de vainilla y la stevia. Pulsar hasta que se combinen.

3. Agregue la mezcla de fresas al tazón de queso crema ablandado y mantequilla. Batir con una batidora manual. También puede usar un procesador de alimentos para asegurarse de que todo esté combinado.

4. Pase la mezcla por caramelos o pequeños moldes de silicona. Congele durante 2 horas. Retire de los moldes cuando esté listo para servir.

Capítulo 4 - Recetas con nueces para bombas de grasa de bajo contenido en carbohidratos

Las nueces son técnicamente frutas, pero la principal diferencia es que no son tan dulces y suaves. Se encuentran dentro de las cáscaras externas duras que usted necesita abrir para obtenerlas. Las nueces son generalmente ricas en ácidos grasos monoinsaturados o AGMI que son buenos para el corazón.

Las nueces y semillas contienen una baja cantidad de carbohidratos y son ricas en vitaminas, minerales y fibra, lo que hace que estos dos ingredientes sean adecuados para una dieta baja en carbohidratos. Es fácil comer en exceso estos alimentos ya que son fáciles de consumir. Sólo tienes que coger un puñado y metértelo en la boca.

Si desea picar nueces y semillas, divídalas en porciones y limite su porción a una o dos veces al día. También se utilizan en una variedad de

Bombas de Grasa

recetas bajas en carbohidratos, incluyendo bombas de grasa.

Aquí están algunas de las nueces más saludables que puede incluir en su dieta, incluyendo la cantidad de carbohidratos que contienen por cada porción de 28 gramos:

1. Nueces de macadamia (1.5 g de carbohidratos netos, 2.4 g de fibra, 3.9 g de carbohidratos totales)

Estas nueces tienen la mayor cantidad de grasa entre los otros tipos de nueces. Alrededor del 78% de las grasas de estas nueces son AGMI, una de las más altas en comparación con otras nueces. Son eficaces para aumentar los niveles de colesterol bueno y para disminuir los niveles de colesterol malo.

2. Almendras (2,6 g de carbohidratos netos, 3,5 g de fibra, 6,1 g de carbohidratos totales)

Usted puede obtener el 37% de la cantidad dietética Recomendada para la vitamina E de las almendras. Ayuda a disminuir los niveles de colesterol malo. También funciona al mejorar la condición de su corazón. Contienen la mayor cantidad de proteína entre todas las nueces y semillas. Obtendrá 6 gramos de proteína por cada porción de almendras.

3. Pacanas (1.2 g de carbohidratos netos, 2.7 g de fibra, 3.9 g de carbohidratos totales)

Contienen la menor cantidad de carbohidratos entre todas las nueces. También son una buena fuente de zinc. Las nueces ayudan a reducir la presión arterial y también tienen propiedades antioxidantes.

4. Nueces (2 g de carbohidratos netos, 1,9 g de fibra, 3,9 g de carbohidratos totales)

Son ricos en ácidos grasos omega-3. Las nueces reducen las partículas de LDL y reducen el colesterol LDL. También ayuda a mejorar la función de su arteria.

5. Nueces de Brasil (1,4 g de carbohidratos netos, 2,1 g de fibra, 3,5 g de carbohidratos totales)

Estas nueces contienen una alta cantidad de selenio que ayuda a mantener su función tiroidea saludable. Es importante que no consuma demasiado selenio en su organismo, así que asegúrese de limitar su consumo de nueces de

Bombas de Grasa

Brasil. Cuando se toman con moderación, las nueces pueden ayudar a proteger sus células de los radicales libres y disminuir su riesgo de inflamación.

6. Pistachos (5 g de carbohidratos netos, 2,9 g de fibra, 7,9 g de carbohidratos totales)

Usted obtendrá el 24 por ciento de su requerimiento diario de vitamina B6 de una porción de estas nueces. Ayudan a mejorar los valores de los lípidos y del azúcar en sangre. Los pistachos también son beneficiosos para las personas con diabetes porque pueden reducir los niveles de azúcar en la sangre, triglicéridos y colesterol.

7. Avellanas (2 g de carbohidratos netos, 2,7 g de fibra, 4,7 g de carbohidratos totales)

Ayudan a mejorar su perfil lipídico al darle suficiente cantidad de vitamina E. Aumentan los niveles de colesterol bueno y disminuyen los niveles del tipo malo.

Aquí están las recetas que puedes probar con nueces como uno de los ingredientes principales.

Puede intentar usar otras nueces para ajustar cada receta, pero asegúrese de ajustar la información nutricional en consecuencia.

Bombas masticables con macadamia

Porciones: 6 piezas

Datos nutricionales por pieza: Calorías 267 kcal, Grasas 28 g, Proteínas 3 g, Neto carb 3 g

Ingredientes:

- 2 cucharadas de cacao en polvo sin azúcar
- 1/4 de taza de crema espesa (si quiere una receta sin lácteos, use aceite de coco)
- 2 cucharadas de sustituto del azúcar
- 2 onzas de manteca de cacao
- 4 onzas de nueces de macadamia (picadas)

Instrucciones:

1. Poner la manteca de cacao en una cacerola a fuego lento. Revuelva hasta que se derrita. Añadir la manteca de cacao. Mezcle bien. Agregue el

sustituto del azúcar. Mezclar hasta que todo esté derretido y mezclado. Agregue las nueces picadas.

2. Retire del fuego. Añadir la nata y mezclar bien. Dejar enfriar.

3. Vierta la mezcla en los moldes. Refrigere hasta que esté listo para servir.

Delicias de nogal al estilo keto

Porciones: 36 cuadrículas

Datos nutricionales por pieza: Contenido energético 170 kcal, Grasas 17,4 g, Proteínas 2,2 g, Carbohidratos netos 1 g

Ingredientes:

- 1 taza de mantequilla de almendra tostada natural
- 1/2 taza de ghee (derretido)
- 1/2 taza de leche de coco entera (congelada toda la noche)
- 1 taza de mantequilla de coco cremosa
- 1 cucharada de extracto de almendra pura

- 1 taza de aceite de coco
- 2 cucharaditas de especias chai
- 1/4 taza de ghee
- 1/4 cucharadita de sal marina
- 1/4 taza de nueces (picadas)

Direcciones:

1. Forre un molde cuadrado engrasado con papel de pergamino. Deje a un lado.

2. Poner el ghee en una cacerola a fuego lento. Revuelva hasta que se derrita. Deje a un lado.

3. En un bol, poner todos los ingredientes, excepto las nueces y el ghee derretido. Mezclar con un mezclador eléctrico a baja velocidad. Gradualmente agregue la velocidad a un alto hasta que la mezcla se vuelva esponjosa y ligera. Vuelva a ajustar la velocidad del mezclador a un nivel bajo. Añadir el ghee derretido y mezclar hasta que todo esté mezclado.

4. Vierta la mezcla y distribúyala uniformemente en la sartén preparada. Espolvorear con las nueces picadas. Poner en la nevera toda la noche.

5. Cortar en 36 cuadros. Servir y disfrutar.

Bombas de Grasa

Delicias de naranja y nueces bajas en carbono

Porciones: 25 piezas

Datos nutricionales por pieza: Calorías 86,4 kcal, Grasas 8,4 g, Proteínas 1,5 g, Carbohidratos netos 1,5 g

Ingredientes:

- 125 gramos de chocolate negro (85 por ciento de cacao)
- 1 cucharada de cáscara de naranja y extracto fresco de naranja
- 1 cucharadita de canela
- 15 gotas de stevia líquida
- 150 gramos de nueces (picadas)
- 1/4 taza de aceite de coco extra virgen

Instrucciones:

1. Ponga el chocolate en un recipiente a prueba de calor. Cocine en el microondas hasta que se derrita. Gradualmente agregue el aceite de coco y

la canela. Añadir el resto de los ingredientes. Mezclar hasta que estén bien mezclados. Colóquelo en moldes y refrigérelo durante una hora o hasta que esté fraguado.

Golosinas de chocolate y-macadamia

Porciones: 6 piezas

Datos nutricionales por pieza: Calorías 267 kcal, Grasas 28 g, Proteínas 6 g, Neto carb 3 g

Ingredientes:

- 2 cucharadas de cacao en polvo sin azúcar
- 1/4 taza de crema espesa
- 4 onzas de nueces de macadamia picadas
- 2 onzas de manteca de cacao
- 2 cucharadas de sustituto del azúcar

Instrucciones:

1. Poner la manteca de cacao en una cacerola a fuego lento. Revuelva hasta que se derrita. Retire del fuego. Añadir el cacao en polvo. Mezcle hasta que se mezclen. Añadir el resto de los

ingredientes y mezclar bien. Transfiera a los moldes y refrigere por lo menos 30 minutos antes de servir.

Golosinas de calabaza con nueces

Porciones: 8 piezas

Datos nutricionales por pieza: Calorías 227 kcal, Grasas 39 g, Proteínas 11 g, Neto carb 1 g

Ingredientes:

- 1/2 taza de calabaza (en puré)
- 1/4 taza de nueces picadas
- 1/2 taza de mantequilla sin sal
- 1/8 cucharadita de sal marina
- 12 gotas de stevia líquida
- 1 cucharadita de canela
- 8 onzas de queso Neufchatel
- 1/2 cucharadita de especias de calabaza
- 2 cucharaditas de extracto de vainilla

Instrucciones:

1. Derrita la mantequilla en una cacerola a fuego lento mientras la bate . Añada el puré de calabaza mientras continúa batiendo. Agregue las nueces, la stevia, el queso crema y las especias. Bata hasta que esté suave. Añadir el extracto de vainilla y mezclar bien. Apaga el fuego.

2. Transfiera la mezcla a una bandeja para hornear forrada con papel encerado. Puede optar por añadir más pacanas en la parte superior. Congele durante la noche. Tire del papel encerado antes de cortarlo.

Chocolate con nueces

Porciones: 12 piezas

Datos nutricionales por pieza: Contenido energético 124 kcal, Grasas 12 g, Proteínas 4 g, Carbohidratos netos 1,6 g

Ingredientes:

- 1/2 taza de mantequilla de maní
- 4 cucharadas de aceite de coco

Bombas de Grasa

- 4 cucharadas de cacao en polvo
- 1/4 cucharada de canela
- Stevia al gusto
- Sal marina al gusto
- 1 cucharadita de extracto de vainilla
- 1/4 taza de nueces (picadas)

Instrucciones:

1. Ponga el aceite de coco en un recipiente a prueba de calor y cocine en el microondas por 50 segundos o hasta que se derrita. Deje a un lado.

2. En otro recipiente, coloque la vainilla, el cacao y la stevia. Mezcle bien. Dobla las tuercas. Colóquelo en una sartén y extiéndalo con una espátula.

3. Mezcle la mantequilla de maní y la canela. Vierta esto sobre la capa de chocolate. Espolvorear con sal marina por encima. Congele durante 20 minutos.

4. Cortar y servir.

Nota: Puede modificar la receta usando otras nueces, como almendras, macadamia y nueces.

Bombas de grasa de coco y macadamia

Porciones: 12 piezas

Datos nutricionales por pieza: Contenido energético 188 kcal, Grasas 20 g, Proteínas 2 g, Neto de carbohidratos 1,2 g

Ingredientes:

Para la corteza

- 4 cucharadas de mantequilla de almendra
- 4 onzas de nueces de macadamia
- Un poco de sal

Para la capa de coco

- 6 cucharadas de aceite de coco (derretido)
- 1/4 taza de coco rallado

Para la capa de chocolate

- 2 cucharadas de aceite de coco
- 4 cucharadas de cacao en polvo
- Stevia líquida al gusto

Instrucciones:

1. Prepara la corteza. Ponga las nueces de macadamia y la sal en un procesador de alimentos

y procese hasta que estén finamente molidas. Transfiera a un tazón. Añadir la mantequilla de almendras y mezclar hasta que se mezclen. Presionar la mezcla en el fondo de una sartén.

2. Mezcle el aceite de coco y el coco rallado en un recipiente. Vierta sobre la corteza, presione y reserve.

3. En un recipiente, mezcle el aceite de coco y el cacao en polvo hasta que esté suave. Agregue la stevia según su preferencia. Vierta esto sobre la capa superior y utilice una espátula para aplanarla y extenderla. Congele por un par de horas.

Pecan Trata con Relleno

Porciones: 1

Datos nutricionales: Calorías 150 kcal, Grasas 31 g, Proteínas 11 g, Neto carb 0.8 g

Ingredientes:

- 1 onza de queso crema

- 1/2 cucharadita de mantequilla sin sal
- 4 mitades de nueces
- Una pizca de sal marina
- Sabor de su elección

Instrucciones:

1. Precaliente el horno a 350 grados. Tostar las nueces durante 10 minutos. Dejar enfriar.

2. Ablandar el queso crema y la mantequilla en un bol. Agregue su sabor preferido. Puede ser cualquier cosa, desde vegetales, hierbas o especias. Mezcle hasta que se mezclen y queden cremosos. Repartir el relleno entre las mitades de las nueces.

3. Espolvorear con sal marina antes de servir.

Bombas de delicias de nogal y chocolate

Porciones: 8

Datos nutricionales por pieza: Calorías 247 kcal, Grasas 29 g, Proteínas 3 g, Neto carb 1 g

Bombas de Grasa

Ingredientes:

- 1/2 taza de mantequilla de almendras
- 4 cucharadas de mantequilla sin sal
- 1/2 taza de aceite de coco
- 2 cucharadas de nueces (picadas)
- Sal marina al gusto
- 6 gotas de stevia líquida
- Chocolate negro para cubrir

Instrucciones:

1. Poner todos los ingredientes en un recipiente a prueba de calor. Cocine en el microondas durante 30 segundos. Mezcle bien hasta que se mezclen. Vierta en moldes y congele durante al menos 1 hora.

2. Rocíe con chocolate derretido encima. También puede optar por espolvorear las bombas de grasa con nueces picadas gruesas.

Bombas rápidas de pistacho con especias

Porciones: 36 piezas

Datos nutricionales por pieza: Calorías 170 kcal, Grasas g, Proteínas g, Carbohidratos netos 1.5 g

Ingredientes:

- 1/4 de taza de pistachos (quite las cáscaras y corte)
- 1/2 taza de mantequilla de cacao picada (derretida)
- 1 taza de mantequilla de coco
- 1 taza de mantequilla de almendra
- 1 taza de aceite de coco (firme)
- 1/4 cucharadita de sal marina
- 2 cucharaditas de especias Chai
- 1/4 taza de ghee
- 1/4 cucharadita de extracto de almendra
- 1 cucharada de extracto de vainilla
- 1/2 taza de leche de coco congelada

Instrucciones:

1. Derrita la mantequilla de cacao en una cacerola a fuego lento mientras la revuelve con frecuencia.

2. En un recipiente, ponga el aceite de coco, la mantequilla de coco, la mantequilla de almendra, la leche de coco, el ghee, los extractos, la sal y la especia Chai. Mezclar con un mezclador eléctrico

Bombas de Grasa

a baja velocidad. Aumente gradualmente la velocidad hasta que todo esté combinado y la mezcla esté esponjosa. Vuelva a ajustar la velocidad a baja. Añadir la mantequilla de cacao derretida y mezclar durante 3 minutos.

3. Extender la mezcla en una sartén forrada con papel encerado. Espolvorear los pistachos picados por encima. Cubrir la sartén y ponerla en la nevera durante 5 horas o toda la noche.

Capítulo 5 - Recetas de bomba de grasa especificas de la dieta cetogénica

El estado de cetosis ocurre cuando su cuerpo ya no recibe suficiente suministro de carbohidratos. Su cuerpo inicia la cetosis para procesar la energía que necesita. Su cuerpo no produce cetonas cuando usted está en una dieta regular porque no las necesita. En cambio, su sistema decide cuánta grasa quemará.

Cuando usted está en el estado de cetosis, su cuerpo automáticamente quema grasa debido a la falta de carbohidratos y produce cetonas. El resultado final dará a su cuerpo el combustible que necesita. Esto es seguro mientras no haya acumulación de cetonas, lo cual creará un desequilibrio en los componentes químicos de su sangre. La acumulación de cetonas a menudo conduce a la deshidratación.

Es importante que usted se eduque sobre la dieta antes de comprometerse con ella. Tienes que saber qué comer, qué porciones y con qué frecuencia. También debe conocer los ingredientes que debe evitar al seguir una dieta baja en carbohidratos.

El estado de cetosis es la causa principal por la que se pierde peso cuando se está en este tipo de dieta. Ayuda a mantener los músculos a medida que se elimina la grasa. También suprime el apetito. Mientras esté sano y no sufra de diabetes, probablemente entrará en este estado después de 3 días de tomar menos de 50 gramos de carbohidratos al día. La cetosis es uno de los beneficios de una dieta baja en carbohidratos, como la dieta cetogénica, pero también se puede lograr este estado mediante el ayuno.

Tener demasiadas cetonas en el sistema no es saludable. Para evitar esto, usted necesita monitorear regularmente el nivel de sus cetonas. Usted puede comprar tiras reactivas para revisar su sangre u orina en la comodidad de su hogar. Si usted tiene diabetes, pida la ayuda de un instructor sobre cómo usar los medidores de azúcar en la sangre que están hechos específicamente para esta afección. Para estar seguro, siempre puede pedir la ayuda de su médico para explicarle sus opciones y cómo monitorear los niveles de cetonas en su sangre.

¿Cuál es el efecto de la acumulación de cetonas? Cuando las cetonas se acumulan en su sangre, usted estará en riesgo de desarrollar cetoácidos. La afección es peligrosa y puede llevar a un coma o, en algunos casos, a la muerte. Si usted no es diabético, es propenso a contraer cetoacidos debido al alcoholismo, la inanición y una tiroides hiperactiva. Las personas con diabetes pueden contraer CAD o cetoácido diabético cuando se enferman o lesionan, deshidratación y falta o insuficiencia de dosis de insulina.

Estos son los síntomas de los cetoácidos:

- Orinar con frecuencia
- Cansarse rápidamente
- Sentirse confundido
- Tener un aliento con olor a frutas
- Tener problemas para respirar
- Boca seca/sensación de sed
- Dolores en el estómago y el vientre
- Vomitar
- Piel enrojecida o seca

Bombas de Grasa

La CAD puede comenzar lentamente, pero se vuelve peligrosa cuando usted comienza a vomitar. Acelera el proceso y puede conducir a complicaciones riesgosas si no se trata adecuadamente y a tiempo. Si usted experimenta el vómito en este momento y es diabético, no espere más de una hora antes de buscar la ayuda de su médico.

Con el fin de evitar tener cetoácidos, cumpla con su objetivo de experimentar cetosis nutricional. Este es el estado en el que su cuerpo quema grasa en lugar de glucosa para suministrar energía a su sistema. Esto se logra eliminando la mayoría de los azúcares y almidones de su dieta. Usted los reemplazará con grasas y carbohidratos saludables.

La cetosis es una reacción química normal. Usted experimenta esto todos los días incluso cuando está en una dieta regular, pero sucede brevemente, por lo que permanece inconsciente de ello. Una dieta baja en carbohidratos prolonga la duración cuando su cuerpo entra en este estado y le permite experimentar sus beneficios para la salud.

¿Cómo sabrá que ya está en el estado de cetosis nutricional? Esta es la razón por la que necesita medir su nivel de glucosa y cetonas en la sangre. Las cetonas en la sangre deben permanecer dentro del rango de 0.5 a 3.0 milimoles por litro para mantenerse en el estado de cetosis nutricional.

Para entrar fácilmente en el estado de la cetosis nutricional, es necesario conocer las necesidades diarias de macronutrientes. Esto dependerá de los siguientes factores:

- La proporción cetogénica adecuada para su edad, peso y nivel de actividad física.
- Su necesidad de calorías
- Su requerimiento de proteína
- Su ingesta de líquidos

Hay calculadoras de macros en línea que puede utilizar para conocer y supervisar este requisito. Después de acceder a la calculadora, se le pedirá que indique su edad, sexo y si es o no físicamente activo.

Cómo adaptarse a la dieta cetogénica

El comienzo es la parte más difícil de cualquier dieta baja en carbohidratos. A través de los días, te acostumbrarás al proceso y eventualmente te adaptarás. La-adaptación ocurre a medida que su sistema procesa las fuentes de grasa y las convierte en combustible. Cuando usted llega a este punto, su cuerpo produce más cetonas a partir de las grasas parcialmente descompuestas. Estas cetonas entrarán al torrente sanguíneo. Se distribuirán a las partes de su cuerpo por donde solía fluir la glucosa, la mayoría de las cuales irán al cerebro.

Usted tiene que ayudar a su cuerpo a realizar funciones normales a pesar de la poca cantidad de glucosa que está recibiendo. Antes de que se adapte, tenga en cuenta que será propenso a experimentar los síntomas de la gripe tipo"keto", que son una señal de que su cuerpo aún está tratando de adaptarse. Es posible que no se sienta bien, pero puede compensarlo comiendo muchas grasas saludables, manteniéndose hidratado y tomando suplementos.

Cuando ya esté bien adaptado, ya no tendrá los síntomas de la gripe keto. Tendrá más energía para realizar sus actividades diarias y su cuerpo tendrá un mejor estado de ánimo y condición. Esto sucede a medida que su almacenamiento de glucógeno en los músculos y en su hígado disminuye, y su cuerpo tiene menos cantidad de agua en exceso.

Si usted está decidido a perder peso, su objetivo es lograr una cetosis óptima. Asegúrese de que conoce sus necesidades macroeconómicas diarias. Siga los límites sin importar lo difícil que parezca. Este es el punto en el que las bombas de grasa pueden ayudarte. En su mayoría están hechos de grasa que puede llenar fácilmente sus antojos y hacer que se sienta lleno a un ritmo más rápido.

Las siguientes recetas de bombas de grasa le ayudarán a mantener el estado de cetosis óptima por más tiempo:

Receta Básica de la Bomba de Grasa

Bombas de Grasa

Porciones: 24 piezas

Datos nutricionales por pieza: Calorías 95 kcal, Grasas 10.1 g, Proteínas 1.1 g, Neto de carbohidratos 0.2 g

Ingredientes:

Para el recubrimiento

- 1 cucharadita de extracto de limón
- 1/2 taza de manteca de cacao (derretida)
- 1/4 cucharadita de sal marina
- 2/3 de taza de pasteleros Swerve

Para el llenado

- 8 cucharadas de aceite de coco
- 1/2 taza de jugo de limón
- 1 cucharada de cáscara de limón (finamente rallada)
- 4 huevos
- 1 taza de edulcorante

Instrucciones:

1. En un recipiente, poner todos los ingredientes para el recubrimiento y mezclar hasta que se mezclen. Transfiera a sus moldes. Refrigere por una hora.

2. Poner todos los ingredientes para el relleno en una cacerola a fuego medio. Bata hasta que se caliente, pero no deje que hierva. Colar hasta formar un cuenco. Ponga este tazón encima de cualquier recipiente que contenga hielo. Ocasionalmente, bata el relleno hasta que se enfríe completamente.

3. Añadir relleno a cada trufa. Refrigere por lo menos 30 minutos antes de servir.

Golosinas de nogal al estilo keto

Porciones: 4 piezas

Datos nutricionales por pieza: Calorías 176,32 kcal, Grasas 17,77 g, Proteínas 1,26 g, Carbohidratos netos 0,5 g

Ingredientes:

- 1 cucharada de nueces en mitades (picadas y tostadas)
- 1 cucharada de cacao en polvo sin azúcar
- Una pizca de sal marina

Bombas de Grasa

- 1 cucharada de crema batida espesa
- 2 cucharadas de aceite de coco (derretido)
- 1 cucharada de edulcorante

Instrucciones:

1. Poner todos los ingredientes en un bol. Mezclar bien hasta que se mezclen y queden cremosos. Transfiera a una bandeja forrada con papel encerado. Refrigere por 2 horas. Se parte en pedazos y se sirve.

Nota: Puede modificar la receta para obtener otros sabores utilizando otras nueces, como castañas, macadamia, nueces, avellanas y almendras.

Bombas para pasteles de queso con sabor a limón

Porciones: 8 piezas

Datos nutricionales por pieza: Contenido energético 106 kcal, Grasas 11 g, Proteínas 1 g, Neto de carbohidratos 0,25 g

Ingredientes:

- 4 onzas de queso crema (ablandado)
- 4 cucharadas de mantequilla sin sal (ablandada)
- 1 cucharada de cáscara de limón (finamente rallada)
- 1/4 taza de aceite de coco (derretido)
- Stevia al gusto
- 1 cucharadita de jugo de limón
- Extracto de limón (opcional)

Instrucciones:

1. Poner todos los ingredientes en un bol. Mezcle hasta que esté suave. Transfiera a sus moldes. Congele durante 2 horas o toda la noche.

2. Espolvorear las bombas de grasa con cáscara de limón antes de servir.

Trufas de desayuno

Porciones: 6 piezas

Bombas de Grasa

Datos nutricionales por pieza: Contenido energético 185 kcal, Grasas 18,4 g, Proteínas 5 g, Neto de carbohidratos 0,2 g

Ingredientes:

- 1/4 taza de mantequilla (ablandada)
- 2 huevos (cocidos)
- 4 rebanadas de tocino
- 1/4 cucharadita de sal marina
- Pimienta negra recién molida al gusto
- 2 cucharadas de mayonesa

Instrucciones:

1. Colocar las lonchas de tocino en una bandeja. Hornee en un horno precalentado a 375 grados durante 15 minutos. Reservar para que se enfríe.

2. Pelar los huevos duros y machacarlos con un tenedor. Añadir la mayonesa. Mezcle bien. Sazone con sal y pimienta. Añadir la grasa de tocino. Mezcle hasta que se mezclen. Refrigere por 30 minutos.

3. Romper el tocino en trozos pequeños una vez enfriado.

4. Forma bolas con el bateador. Enrolle cada uno en el tocino desmenuzado. Coloque las bolas en una bandeja y refrigere hasta que estén listas para servir.

Las sobras pueden durar una semana cuando se almacenan en un recipiente hermético y se colocan en el refrigerador.

Bombas a "prueba de balas" para aumentar la energía

Porciones: 20 piezas

Datos nutricionales por pieza: Calorías 77 kcal, Grasas 8.1 g, Proteínas 0.8 g, Neto de carbohidratos 0.5 g

Ingredientes:

- 1/4 taza de mantequilla (o aceite de coco extra virgen)
- 1 taza de crema de leche de coco (ablandada)

Bombas de Grasa

- 2 cucharadas de cacao en polvo crudo y sin azúcar
- 15 gotas de extracto líquido de stevia
- 2 cucharadas de aceite MCT
- 1/2 taza de café fuerte colado
- 1/4 taza de eritritol en polvo
- 1 cucharadita de extracto de ron (opcional)

Instrucciones:

1. Ponga el cacao en polvo, la mantequilla, el aceite de MCT, la leche de coco ablandada, la stevia y el eritritol en polvo en una licuadora. Procese hasta que esté suave. Asegúrese de que el café colado esté tibio y no caliente antes de verterlo en la licuadora. Procese hasta que esté suave.

2. Transfiera la mezcla a una heladera. Procese de 30 a 60 minutos dependiendo de las instrucciones del fabricante. Esto hará que la mezcla sea cremosa y suave.

3. Ponga menos de 2 cucharadas de la mezcla en cada molde. Usted puede proceder con este paso y poner la mezcla directamente en los moldes

después de que haya terminado con el primer paso si no tiene una máquina para hacer helados.

4. Poner en el congelador durante 3 horas. Servir y disfrutar.

Bombas de manteca de coco con nuez moscada

Porciones: 10 bolas

Datos nutricionales por pieza: Calorías 341 kcal, Grasas 3.19 g, Proteínas 0.33 g, Neto carb 0.53 g

Ingredientes:

- 1 taza de leche de coco entera
- 1 taza de mantequilla de coco
- 1 cucharadita de extracto de stevia en polvo (ajustar según el gusto)
- 1 taza de tiras de coco
- 1/2 cucharadita de canela
- 1/2 cucharadita de nuez moscada
- 1 cucharadita de extracto de vainilla

Instrucciones:

1. Poner todos los ingredientes, excepto el coco rallado, en una cazuela doble a fuego medio.

Bombas de Grasa

Mezclar bien hasta que todo esté combinado y derretido. Retire del fuego. Dejar enfriar un poco antes de poner el bol en el frigorífico durante una hora.

2. Forma bolas de 1 pulgada de la masa. Enrollarlas en los trozos de coco hasta que todos los lados estén completamente cubiertos. Disponer en un plato y meter en la nevera durante una hora o hasta que esté listo para servir.

Trufas de vainilla con nueces

Porciones: 14 piezas

Datos nutricionales por pieza: Calorías 132 kcal, Grasas 14.4 g, Proteínas 0.79 g, Neto de carbohidratos 0.6 g

Ingredientes:

- 1 taza de nueces de macadamia sin sal
- 15 gotas de extracto de stevia (ajustar según el gusto)

- 1/4 taza de aceite de coco extra virgen (derretido)
- 2 cucharadas de edulcorante en polvo
- 2 cucharaditas de extracto de vainilla sin azúcar
- 1/4 taza de mantequilla blanda

Instrucciones:

1. Poner las nueces de macadamia en una licuadora. Pulsa hasta que esté suave. Transfiera a un tazón. Agregue la mantequilla, el aceite de coco, los extractos y los edulcorantes. Mezcle bien.

2. Transfiera la mezcla a los moldes. Refrigere por una hora.

3. Retire las bombas de grasa de los moldes y sirva.

Nota: Puede utilizar otras nueces, como avellanas, pacanas, castañas, almendras y nueces. También puede modificar su sabor usando otros extractos, como frutas, hierbas, jengibre y limón.

Bombas picantes al estilo keto

Porciones: 10

Datos nutricionales por pieza: Calorías 120 kcal, Grasas 12.8 g, Proteínas 0.5 g, Neto de carbohidratos 0.70 g

Ingredientes:

- 75 gramos de mantequilla de coco (ablandada)
- 75 gramos de aceite de coco (ablandado)
- 1 cucharadita de edulcorante
- 1/2 cucharadita de jengibre en polvo seco
- 25 gramos de coco rallado sin azúcar

Instrucciones:

1. Poner todos los ingredientes en un bol. Mezclar hasta que el edulcorante se disuelva y todo se combine. Vierta en los moldes. Refrigere por 10 minutos antes de servir.

Bombas saludables de vainilla y macadamia

Porciones: 14 piezas

Datos nutricionales por pieza: Calorías 132 kcal, Grasas 14.4 g, Proteínas 0.79 g, Neto de carbohidratos 0.6 g

Ingredientes:

- 1 taza de nueces de macadamia sin sal
- 2 cucharaditas de extracto de vainilla sin azúcar
- 15 gotas de extracto de stevia de vainilla
- 2 cucharadas de edulcorante
- 1/4 taza de aceite de coco extra virgen
- 1/4 taza de mantequilla

Ingredientes:

1. Ponga las nueces de macadamia en un procesador de alimentos. Pulsa hasta que esté suave.

2. Ponga el aceite de coco y la mantequilla en un recipiente a prueba de calor. Cocine en el

microondas hasta que se derrita. Revuelva hasta que se mezclen. Añadir el extracto de vainilla y el edulcorante. Mezcle bien. Transferir a los moldes. Poner en la nevera durante 30 minutos o hasta que esté listo antes de servir.

Bombas de frambuesa con queso al estilo keto

Porciones: 48 piezas

Datos nutricionales por 3 piezas: Calorías 81 kcal, Grasas 8.6 g, Proteínas 1 g, Neto de carbohidratos 0.6 g

Ingredientes:

- 3 cucharaditas de extracto de frambuesa
- 8 onzas de queso crema (temperatura ambiente)
- 1 cucharadita de stevia de vainilla
- 1/2 taza de eritritol en polvo
- Una pizca de sal
- 1/4 taza de aceite de coco (derretido)
- 2 cucharadas de crema espesa

- 1 1/2 taza de chispas de chocolate (sin azúcar)
- Unas gotas de colorante rojo natural de los alimentos

Instrucciones:

1. Poner el queso crema y el eritritol en polvo en un bol. Mezcle usando un mezclador eléctrico a baja velocidad hasta que esté suave. Agregue el extracto de frambuesa, la crema espesa, la sal y la stevia de vainilla. Mezclar en el colorante de los alimentos. Mezclar hasta que se mezclen. Gradualmente agregue el aceite de coco. Raspar los lados del recipiente y continuar mezclando hasta que todo esté incorporado.

2. Cubrir el bol y meterlo en la nevera durante una hora. Coge unas 48 bolas y colócalas en una bandeja forrada con papel de pergamino. Deje enfriar durante una hora.

3. Derretir las chispas de chocolate. Sumerja cada bola en el chocolate derretido y colóquelas en la bandeja. Poner en la nevera durante una hora o hasta que esté listo para servir.

Bombas de macha saludables

Porciones: 32 piezas

Datos nutricionales por pieza: Calorías 132 kcal, Grasas 14.4 g, Proteínas 0.79 g, Neto de carbohidratos 0.6 g

Ingredientes:

Para las trufas

- 1 taza de mantequilla de coco (cremosa)
- 1 taza de aceite de coco (firme)
- 1/4 cucharadita de canela molida
- 1/2 taza de leche de coco entera (refrigerada toda la noche)
- 1 cucharadita de extracto puro de vainilla
- 1/4 cucharadita de sal del Himalaya
- 1/2 cucharadita de polvo de té verde maca

Para el recubrimiento

- 1 cucharada de polvo de té verde maca
- 1 taza de coco sin azúcar (finamente rallado)

Instrucciones:

1. Poner todos los ingredientes de las trufas en un cuenco. Asegúrese de que tanto la crema de coco como el aceite de coco estén firmes antes de añadirlos. Si no es así, refrigérelos unos minutos más antes de proceder con el paso. Mezclar con un mezclador eléctrico a alta velocidad hasta que esté bien ventilado y ligero. Refrigere por una hora.

2. Mezclar el polvo de macha y el coco rallado en un bol. Deje a un lado.

3. Sacar 32 bolitas de las trufas firmes. Enrolle cada bola en sus palmas y enrolle la mezcla de coco y macha hasta que todos los lados estén cubiertos.

4. Servir y disfrutar.

Ponga las sobras en un recipiente hermético. Duran hasta 2 semanas cuando se refrigeran. Dejar a temperatura ambiente durante 15 minutos antes de comerlos.

Golosinas Chewy Keto

Bombas de Grasa

Porciones: 12 piezas

Datos nutricionales por pieza: Calorías 172 kcal, Grasas 19.6 g, Proteínas 0.4 g, Neto de carbohidratos 0.7 g

Ingredientes:

- 1/4 taza de cacao en polvo orgánico
- 1/4 taza de leche de coco entera
- 1/4 taza de confiteros Swerve
- 1 taza de aceite de coco (ablandado)
- 1/2 cucharadita de sal marina
- 1 cucharadita de extracto de vainilla
- 1/2 cucharadita de extracto de almendras

Instrucciones:

1. Ponga la leche de coco y el aceite de coco en un recipiente. 1. Use un mezclador de pie a alta velocidad para combinar el 2. Continúe mezclando por aproximadamente 6 minutos. Gire el ajuste a baja velocidad. Añadir el resto de los ingredientes. Mezclar hasta que todo esté combinado. Ponga la velocidad de la mezcladora a un nivel alto y mezcle durante un par de minutos. Agregue más edulcorante si lo desea.

2. Transfiera la mezcla a un molde de pan forrado con papel de pergamino. Deje enfriar durante 15 minutos.

3. Retire de la sartén. Pelar el papel de pergamino y cortarlo en cuadrados.

4. Almacenar en un recipiente hermético. Refrigere hasta que esté listo para servir. El dulce se licuará fácilmente cuando se deja en un lugar cálido.

Conclusión

Gracias de nuevo por comprar este libro!

Espero que este libro le haya ayudado a entender lo que necesita saber para obtener los mayores beneficios de una dieta baja en carbohidratos. Espero que este libro le dé ideas sobre los ingredientes que puede tratar de incluir cuando haga sus propias recetas de bombas de grasa.

Por ahora, diríjase al supermercado y empiece a hacer las recetas de las bombas de grasa que aparecen en este libro. Son fáciles de preparar y la mayoría de los ingredientes son fáciles de encontrar. Estas versátiles golosinas son los bocadillos perfectos y el refuerzo de energía instantáneo cuando lo necesite. Usted puede hacerlos con anticipación y almacenarlos apropiadamente para que duren de 1 a 2 semanas.

Gracias y buena suerte!

Mark Evans

Gracias!

Antes de que se vaya, sólo quería darle las gracias por comprar mi libro.

Podría haber escogido entre docenas de otros libros sobre el mismo tema, pero se arriesgó y elegió éste.

Así que, un ENORME agradecimiento a usted por conseguir este libro y por leer todo el camino hasta el final.

Ahora quería pedirte un pequeño favor. **¿Podría tomarse unos minutos para dejar una reseña de este libro sobre Amazon?**

Esta retroalimentación me ayudará a continuar escribiendo el tipo de libros que le ayudarán a obtener los resultados que desea. Así que si lo disfrutó, por favor, hágamelo saber!

www.ingramcontent.com/pod-product-compliance
Lightning Source LLC
Chambersburg PA
CBHW062033120526
44592CB00036B/2049